KB054453

마이너스금리시대 재테크 필살기

대한민국 재테크神들이 알려주는 비법

마이너스금리시대 재테크 필살기

매일경제 서울머니쇼 취재팀 지음

매일경제신문사

'재테크에 대한 관심'은 선택 아닌 의무

'관심'은 변화를 이끌어내는 원동력이다. 정치와 사회에 대한 관심은 한국에서 민주주의를 발전시킨 힘이었다. 경제와 빈곤 탈출에 대한 관심도 한국을 경제대국으로 성장시킨 주역이다.

이제는 '재테크에 대한 관심'이 절실한 때다. 준비 없이 '100세 시대'를 맞았다가는 '장수'가 재앙이 될 지도 모르는 게 우리 현실이기 때문이다. 100세 시대의 국민노후를 국가 재정으로 완전히 떠받칠 수 없다는 것은 누구나 안다. 노후준비를 위해 개인의 재테크에 대한 관심이 더욱 중요해지는 시점이다.

100세 시대를 살면서 '돈이나 재테크에는 관심 없다'는 태도는 나의 노후 생활을 후손들에게 짐 지우겠다는 몰염치한 태도다. 우리의 노후를 좀 더 윤택하게 하면서 후손의 부담을 줄여

4

주는 첫걸음은 재테크에 대한 건전한 관심이다.

다행히도 2016서울머니쇼의 참관객은 2015년보다 20%나 늘었다. 그만큼 재테크에 관심이 늘었다는 의미로 해석될 수 있으니 반가운 일이다.

재테크에 대한 중요성과 관심은 커지고 있지만 2016년, 우리가 마주하고 있는 재테크 환경은 더 냉혹해졌다. 집만 사놓으면 가격이 오른다는 '부동산 불패론'이 넘쳐나고 은행에 예금만 해도 연간 10%대의 금리를 쳐주던 시절이 있었지만 이제는 먼 옛날의 얘기처럼 아득하게 느껴진다. 유럽과 일본에서 생소하기 그지없는 마이너스금리를 도입했고 한국의 기준금리도 1%대에 머물고 있다. 은행에서 이자를 받아봤자 물가 상승률을 감안하면 사실상 남는 게 없거나 손해를 보는 세상인 셈이다.

재테크의 혹한기일수록 '관심'이 만들어낼 결과의 차이는 크다. 부동산 가격이 급등하던 시절이나 10%의 금리를 보장해주던 때처럼 고수익 투자가 불가능한 상황에서는 하나의 정보라도 더 접하고 한 번이라도 더 분석해야 수익률을 높일 수 있다. 하다못해 절세만 잘해도 예금금리 이상의 성과를 낼 수 있는 세상인 만큼 조금이라도 더 재테크에 대해 관심을 가져야 한다.

〈매일경제〉가 지난 2010년부터 국내 최대 종합재테크 박람회인 '서울머니쇼'를 개최해온 이유도 여기에 있다. 보다 많은 사람들이 재테크에 대해 건전한 관심을 갖게 하고 투자정보에 목말라 있는 국민들에게 재테크의 혹한기를 뚫고 나갈 수 있는 '최고의 정보와 지식'을 전달하기 위해서이다.

2016년 서울머니쇼에서는 국내외 최고 재테크·투자전문가 52명이 증권, 부동산, 노후준비, 절세 등 분야에서 33개의 재테크 특강을 열고 투자 노하우와 전략을 전수했다. 또 은행, 증권, 부동산, 창업, 은퇴준비 등의 전문기업이 참가해 '맞춤형 재테크' 상담도 진행했다. 수만 명의 사람들이 2016서울머니쇼에 참가해 현장에서 직접 특강들을 들으며 자신의 재테크 전략을 짰다. 3개의 강연장(총 2,000여 석)에서 모든 특강이 참관객으로 가득 찼고 자리가 모자라 서서 듣는 사람들이 있을 정도로 반응은 뜨거웠다. 하지만 이런 뜨거운 반응 속에서도 '참관객 외에도 더 많은 사람들이 서울머니쇼에 나온 최고 전문가의 노하우를 공유할 수 있으면 좋겠다'는 아쉬운 마음은 지울 수가 없었다. 이런 고민에서 나온 것이 이번 책이다. 서울머니쇼에서 나온 정보와 노하우를 좀 더 많은 사람들에게 전달해 재테크에 대한 관심을 갖게 하고 싶은 마음에 책을 집필했다.

'경제를 발전시키고 국민을 부자로 만들겠다'는 것이 〈매일경제〉의 목표 중 하나이다. 모쪼록 이 책을 통해서 보다 많은 사람들이 재테크에 올바른 관심을 갖고 부자가 되는 계기를 만드는 데 도움이 됐으면 하는 바람이다. 재테크의 혹한기라고는 하지만 노력하는 사람에게 길은 열리게 마련이다. 이 책이 그 길을 찾는데 조금이나마 힘이 됐으면 좋겠다.

김명수 매일경제신문 금융부 부장

MONEY SHOW

CONTENTS

머리말 ··· 4

PART 01

마이너스금리시대 희망
수익형 부동산 투자전략

Chapter 01. 국가대표 PB들과 다시 짜는 '부동산 투자전략' ···················· 14

Chapter 02. 저축보다 나은 '수익형 부동산' 활용전략 ····························· 23

Chapter 03. 지역별 유망한 재건축·재개발 단지 뭐가 있나 ···················· 31

Chapter 04. 내 집 마련을 위한 지역별·단지별 분양아파트 분석 ·············· 40

Chapter 05. '6:2:2' 법칙, 상위 20% 부동산을 잡아라 ························· 49

PART 02

증권투자로 초저금리 돌파하기

Chapter 01. 혼돈의 세계 경제에서 투자전략 ················· 60

Chapter 02. 국내 증시전망과 IT·차·철강·한류 등 주요 산업별 분석 ··· 66

Chapter 03. 국내 최고 펀드매니저 3인의 '성장주 찾아내기' ········ 74

Chapter 04. '슈퍼개미'에게 듣는 '주식투자 성공 노하우' ········· 81

Chapter 05. 펀드투자의 성공전략과 비과세해외주식펀드 활용 ······ 88

Chapter 06. 스타 펀드매니저가 제시하는 투자비법 ··········· 95

Chapter 07. 해외주식투자로 성공하기 ················· 104

PART 03

재테크 베스트셀러 작가들의 특별한 머니 코칭

Chapter 01. 착한 부자들의 비법과 가족재테크, 은퇴통장 설계법 ····· 114

Chapter 02. 사회초년생과 신혼부부 재테크 '일찍 시작할수록 좋다' ··· 123

Chapter 03. 노후준비의 기본, 연금의 모든 것 ············· 135

Chapter 04. 창업, 틈새상권과 틈새아이템 노려라 ··········· 144

Chapter 05. 소규모 창업의 유망업종과 성공 필살기 ·········· 150

PART 04

국가대표 은행PB가 제안하는
'마이너스금리시대 포트폴리오'

Chapter 01. 안전성·수익성 다 잡는 상품 노려라 ················· 160

Chapter 02. 공모주 주목하라 ····································· 170

Chapter 03. 펀드·ELS 제대로 알고 투자하라 ················· 179

PART 05

초저금리시대, 필수 재테크 '절세'

Chapter 01. 부동산 절세 백과사전 - 상속·증여에서 수익형 부동산까지 ····· 190

Chapter 02. 생활 속 절세 기술 - 연말정산에서 세제혜택 상품 활용까지 ····· 201

Chapter 03. 신세제혜택 상품 100% 활용전략
　　　　　　- 만능통장 ISA와 비과세해외주식펀드 ································· 210

PART 06

新재테크와 노후준비

Chapter 01. 핀테크시대의 투자 - 작은 돈으로 시작하는 '크라우드펀딩' 전략 · 218

Chapter 02. 불확실성 시대에 빛나는 안전자산 투자

    - 금·달러 등의 투자와 환율전략 ·················· 227

Chapter 03. 노후준비 백과사전

    - 노후준비 상품별 활용과 연령대별 준비 요령 ·········· 233

Chapter 04. 노후준비와 보험 포트폴리오 - 가족과 노후를 위한 보험테크 · 239

부록

2016서울머니쇼 참관객들이 전망하는 '재테크 시장' ·········· 252

마이너스금리시대 희망
수익형 부동산 투자전략

국가대표 PB들과
다시 짜는 '부동산 투자전략'

내 집 마련은 재테크의 기본

"주택임대 시장에서 월세 비중이 절반이다. 재테크는 내 집
마련이 먼저다."

안명숙 우리은행 WM자문센터 부장, 임채우 KB국민은행 부
동산전문위원, 김규정 NH투자증권 부동산연구위원 등 국가대
표급 부동산PB 3인방은 '2016서울머니쇼'에 참석해 "2016년
에도 실수요자들이라면 집부터 장만하라"고 입을 모았다. 다만
비수도권 시장 투자는 신중할 것을 주문했다. 집을 사야 한다
는 주장에 대한 강도는 어땠을까. 2015년의 강도를 100으로 잡
았을 때 2016년에 대해선 임채우 위원이 90, 김규정 위원은 80,
안명숙 부장은 70 순으로 강했다.

임채우 위원은 "주택 임대시장이 전세에서 월세로 빠르게 바

뀌는데 월세가 자가보다 주거비용이 크기 때문에 그만큼 재테크용 종잣돈을 만들기 어렵다"고 강조했다.

전세도 크게 올라 2002년 5,800만 원이던 서울 '변두리 전용 59㎡ 전세'가 2016년 5월 기준으로 1억 5,000만 원 수준이다. 임채우 위원은 "2002년과 비교하면 지금 소득수준 대비 전세 가격이 더 비싸졌다"면서 "월세화가 빠르게 진행됨에 따라 내 집 장만 필요성이 커졌다"고 말했다. 서울 아파트 평균 매매가격이 5억 5,000만 원에 이르는 만큼 서울 이외의 지역에서도 주택을 구입하거나 분양을 받는 등 시야를 넓힐 필요가 있음을 강조했다.

김규정 위원도 "2018년까지 재건축·재개발이 꾸준해 전세난은 계속될 것"이라며 "젊은 무주택자일수록 내 집 마련에 적극 나서야 한다"고 말했다.

하지만 주의를 당부하는 목소리도 있었다. 안명숙 부장은 "집을 사서 보유하거나 전세를 줄 수 있지만 단기 전망만 볼 수는 없어 신중할 필요도 있다"고 설명했다.

전세난에 탈서울, 경기도 이주에는 의견 분분

2016년에도 분양물량이 쏟아지는 가운데 전세난 때문에 서울에서 경기도로 이주하는 문제에 대해 의견이 갈렸다. 임채우 위원은 "경기도는 GTX 등으로 교통이 개선되고 있고 주택 평

'2016서울머니쇼'에 참석한 국가대표 부동산 PB 3인방. 왼쪽부터 이한나 매일경제 부동산부 차장 임채우 KB국민은행 부동산전문위원, 안명숙 우리은행 WM자문센터 부장, 김규정 NH투자증권 부동산연구위원

균 매매가도 3억 원 선으로 서울(5억 5,000만 원)보다 저렴해 매력적"이라고 말했다. 그는 다만 여의도 직장인은 김포를, 강남 직장인은 위례를 각각 알아보는 게 낫다고 조언했다. 개별 상황에 맞게 입지를 선택해야 한다는 권고다.

김규정 위원은 "신분당선 등 광역 교통망이 좋아져도 서울까지 출퇴근 시간과 교통비, 스트레스 등을 고려해야 한다"며 입지를 꼼꼼히 따져야 한다고 강조했다. 안명숙 부장도 "경기도에 먼저 집을 마련해 추후에 서울에서 내 집을 마련할 때 지렛대로 삼는 것도 방법"이라고 전했다.

입주물량이 몰리는 2017~2018년에 대해 공급과잉 이슈도 불거졌다. 임채우 위원은 "미국, 이탈리아, 영국, 러시아 등의 사례를 보면 1990~2000년대 생산가능인구가 감소해도 주택 가격은 올랐다"고 강조했다. 그는 "우리나라 주택보급율이 서울 97.9%, 경기 97.8%로 100%에 미치지 못하고 있고 생산가능인구도 2017년부터 줄어들지만 크게 걱정하지 말라"고 주문했다.

안명숙 부장은 "경기도에 2기 신도시들이 개발되면서 청약이 몰리고 있다. 판교 분양 때와 마찬가지로 2기 신도시들도 입지가 좋아도 입주물량이 한꺼번에 몰리면 가격이 떨어지는 현상을 겪을 수 있는 점을 감안해야 한다"고 조언했다. 김규정 위원은 "2017년에는 입주량이 34만 가구, 뉴스테이 입주 시기와 맞물리는 2018년 입주량은 40만 가구에 달한다"며 "일부 가격 조정은 불가피해 올 하반기부터 주택 구매 기회를 살피라"고 조언했다.

그렇다면 앞으로 어떤 지역의 집값이 오를 가능성이 있을까. 안명숙 부장은 "최근 10년간 집값이 가장 많이 오른 곳은 서초구로 2억 1,925만 원 상승했고, 마포구도 2억 1,863만 원 올랐다"고 분석했다. 안명숙 부장은 향후 10년간 주목할 곳으로 한강변, 삼성동, 잠실, 용산, 성동구, 동대문, 송도, 경기 남부권을 꼽았고, 김규정 위원은 "용산과 여의도가 다시 조명을 받고 있다"고 말했다.

지역별 주택보급률 (단위: %)

인천 100.9
서울 97.9
경기 97.8
대전 101.7
대구 103.8
울산 109.3
부산 104.3
광주 104.1

오피스텔 투자, 신축만 고집할 필요 없어

김규정 위원은 오피스텔에 대해 지역별 임대수익률 차이를 고려해 투자지역을 골라야 한다고 조언했다. KB국민은행에 따르면 2016년 3월 강남구의 오피스텔 연 수익률은 4.95%였고 금천구는 6.44%였다. 수익률 차이는 오피스텔 매매가격 차이에서 발생했다. 금천구 오피스텔 평균 매매가격은 1억 3,000만 원으로 2억 9,000만 원인 강남구의 절반에도 미치지 못했다.

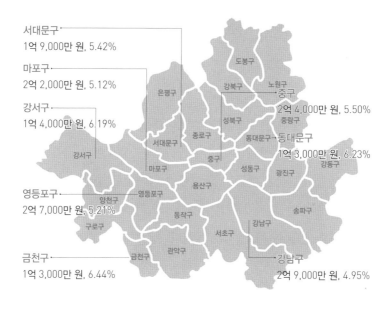

서울 구별 오피스텔 매매가격과 연 수익률

서대문구
1억 9,000만 원, 5.42%

마포구
2억 2,000만 원, 5.12%

강서구
1억 4,000만 원, 6.19%

영등포구
2억 7,000만 원, 5.21%

금천구
1억 3,000만 원, 6.44%

중구
2억 4,000만 원, 5.50%

동대문구
1억 3,000만 원, 6.23%

강남구
2억 9,000만 원, 4.95%

자료: KB국민은행(2016년 3월 기준)

수익률을 올리기 위해서는 신규 오피스텔 외에도 기존 오피스텔로 눈을 확대할 필요가 있다는 조언도 나왔다. 김규정 위원은 "신규 오피스텔 월세와 기존 오피스텔의 월세는 5만 원밖에 차이나지 않는다. 신축 오피스텔의 분양가가 높다는 점을 감안할 때 기존 오피스텔을 싸게 매입해 임대수익률을 높이는 전략도 고려할 만하다"고 말했다. 다만 감가상각이 빠른 오피스텔 특성을 감안해 너무 노후된 오피스텔을 사는 것은 지양해야 한다. 통상 오피스텔은 입주 15년차부터 노후화가 빠르게 진행되므로 입주 10년 내외의 오피스텔을 매입하는 게 좋다는 게 김규정 위원의 팁이다.

3.3㎡당 4,000만 원 넘으면 상가 투자 주의해야

임채우 위원은 상가 투자시 상권이 상주인구와 유동인구를 같이 흡수하는가를 반드시 확인해야 한다고 강조했다. 임채우 위원은 "상가는 1층 기준 분양가가 3.3㎡당 4,000만 원이 넘으면 임대수익률 4%를 얻기가 어렵다. 상가에 투자할 때는 분양가와 임대수익률을 꼼꼼히 비교해봐야 한다"고 말했다. 입지가 좋고 분양가 저렴한 상가는 일반에게 공개되기 전에 대부분 팔려나가는 만큼 분양대행사, 시행사, 건설사 등에서 꼼꼼히 정보를 잡아내는 것이 중요하다고 강조했다.

신도시 상가에 대한 투자에는 각별한 주의가 필요하다. 김규정 위원은 "신도시가 자리 잡는 데는 보통 입주 후 5년 정도가 걸린다"며 "상가 투자 초반의 낮은 임대수익률이 너무 부담된다면 투자를 보류하는 것이 현명하다"고 말했다. 위례, 미사, 세종 등의 1층 상가는 이미 분양가가 3.3㎡당 4,000만 원대에 육박한다. 김규정 위원은 "상가 분양가격이 높은 지역이라면 굳이 1층 상가만 고집하지 말고 임대를 확정 지을 수 있는 2층 등

가격대비 투자성을 고려해야 한다"면서 "상가 가격 총액이 10억 원이 넘는 만큼 대출을 통해 직접 나대지를 사서 신축하는 것도 방법"이라고 말했다.

안명숙 부장은 "시행사 등에서 상가 분양을 수월하게 할 목적으로 비싼 임대료로 단기임차계약을 해놓고 이를 예비청약자들에게 홍보하는 경우도 있다"며 "이를 보고 덜컥 계약했다가 계약기간이 끝나 임차인이 나가면 그 수준의 임대료를 못 받는 경우가 생길 수 있다"며 주의를 당부했다.

단독주택, 나대지 등 투자 시야 넓혀야

전문가들은 다양한 수익형 부동산 투자 사례를 제시했다. 임채우 위원은 "투자 차익을 가장 극대화 하는 방법은 땅을 사서 건물을 짓는 것이고, 단독주택을 사서 리모델링하거나 분양상가 투자가 다음 순"이라며 상가주택을 리모델링한 사례를 소개했다.

안명숙 부장은 4층까지 올릴 수 있는 2종 주거지의 단독주택 리모델링을 추천했다. 단, 단독주택은 은행 대출이 잘 안 되는 만큼 자기자본이 많이 필요하다. 안명숙 부장은 연남동 단독주택을 상가주택으로 리모델링해 집값 상승과 임대수익을 얻은 대기업 부장 사례를 통해 적극적인 투자전략을 제시했다.

서울 도심에 개발 가능한 나대지를 갖고 있는 고객이 많다는 김규정 위원은 문정동 법조단지 건너편 2종 주거지를 개발한 사례를 소개했다. 200㎡ 규모의 이 나대지는 원하는 가격에 매각이 안 돼서 공공주차장으로 활용하며 임대료만 받는 처지였다. 여기에 연면적 500㎡ 규모의 상가주택을 신축해 보증금 8,000만 원, 월세 600만 원을 받는 부동산으로 가치를 상승시킬 수 있었다. 자산가치가 높아지면서 매매문의도 생기는 상품으로 탈바꿈했다.

토지에 대해서는 자산가치 중심 투자가 강조됐다. 안명숙 부장은 "투자할 토지는 맹지는 아니어야 한다"면서 "토지·상가 투자는 당장의 수익률보다는 자산가치가 앞으로 얼마나 오르고 잘 팔릴 수 있는가가 중요하다"며 꾸준히 투자 지식을 쌓는 노력을 당부했다. 김규정 위원도 "임대수익률이 낮아도 매각 자본차익을 노리는 고객들이 많다"면서 "투자 트렌드가 임대 수익률 중심에서 매매차익 중심으로 변하고 있다"고 말했다.

Chapter 02

저축보다 나은
'수익형 부동산' 활용전략

수익형 부동산도 땅값 오를 곳 잡아라!

"앞으로 10년 이내 수익형 부동산 유망."

고령화, 저성장, 저금리시대를 맞아 수익형 부동산에 대한 투자자들의 관심이 높아지고 있다. 고종완 한국자산관리연구원장은 앞으로 10년간 수익형 부동산은 발전 가능성이 높다고 평가했다. 고종완 원장이 수익형 부동산 시장을 긍정적으로 평가하는 주된 이유는 저금리 기조다. 일반적으로 금리와 부동산 시장은 반대로 움직이는 역의 관계에 놓여 있다. 2010년 이후 미국, 유럽, 일본 등 주요 선진국의 부동산 가격이 급등한 배경도 금리 인하와 양적완화 조치에서 비롯됐다. 고종완 원장은 "미국을 제외한 일본, 유럽 등 세계 주요 국가들이 금리 인하에 나서며 마이너스금리시대를 맞이하고 있다"며 "저금리에 따라

돈의 가치가 떨어지면 자산가치가 오르고, 안정적인 현금 수익을 얻을 수 있는 부동산 투자에 대한 수요는 늘 것"이라고 전망했다.

인구구성도 부동산 시장에 중요한 변수다. 통계청 등 정부의 발표에 따르면 우리나라 인구는 2030년에 정점에 이르며 국민 1인당 소득은 2040년께 4만 달러에 이를 것으로 추정된다. 고종완 원장은 "인구와 소득격차를 비교한 결과 우리나라는 일본과 20~25년의 성장 속도 차이가 있는 것으로 보인다"면서 "이를 바탕으로 분석한 결과 우리나라 부동산은 2030년 이전에 집값이 폭락하거나 버블붕괴할 가능성은 매우 낮다"고 말했다. 소득 대비 주택가격비율PIR도 서울은 런던, 상하이, 뉴욕 등 세계 주요 도시에 비해 낮아 우리나라는 소형주택과 주거용 오피스텔 임대료 상승 여력이 많다는 게 고종완 원장의 분석이다.

저금리와 인구구성 변화 외에도 부동산 고유 특성도 투자 대상으로서의 매력을 갖고 있다. 고종완 원장은 "부동산은 달러, 미국 국채와 함께 '안전자산'에 속한다"며 안정성을 강조했다. 부동산은 주택연금, 농지연금으로 활용하면 연금을 받을 수 있는 '평생 보장자산'이기도 하다. 고종완 원장은 "부동산은 주식보다 장기투자에 적합하고 상속, 증여에도 유리한 '장기투자자산'인 동시에 포트폴리오 차원에서 금융상품과 함께 '핵심자산'으로 꼽힌다"고 강조했다. 이와 더불어 최근 고령화, 저성장, 저금리 기조로 인해 부동산은 안정적인 '고수익 자산'으로 등극하기도 했다.

수익형 부동산, 투자 대상 따라 전략 달라야

〈사례〉 구분상가 투자

주부 L씨(50세)는 2015년 말 서울 불광역 인근에 있는 P복합쇼핑몰의 구분상가(전용 5㎡) 5개를 총 1억 5,000만 원에 매입했다. 이 상가건물은 지난 2004년에 상가 1실 당 1억 2,000만 원에 분양했는데 지역경기 침체와 상가활성화 부진으로 공실률이 높아서 매매가격이 급락했다. 하지만 L씨는 2012년경부터 이 건물을 대형 유통회사가 통째로 임차해서 복합상가의 운영주체가 돼 매월 임대료를 따박따박 입금해준다는 얘기를 듣고 남편의 퇴직금을 활용해 이 상가를 매입했다.

L씨는 5개 상가들에서 보증금 300만 원에 월세 20만 원을 받고 있다. 2016년 현재 임대수익률은 연 8%다. L씨가 투자한 상가는 2016년 하반기 임대료 조정협상을 할 예정이다. 상가주들은 주변 역세권 상권이 살아나고 있고 대기업의 운영관리시스템으로 인한 상가활성화로 30만 원으로 임대료의 상향조정을 희망하고 있다.

수익형 부동산의 수익률은 매매시기·지역, 투자대상에 따라 달라지는데 어떤 종류의 수익형 부동산에 투자할 것이냐에 따라 투자성을 평가하는 기준도 달라진다. 가령 소형 아파트 등 주거용 부동산은 유용성과 수익성(교환가치)을 동시에 고려해야 하는 반면 상가는 수익성에 방점을 두어야 한다. 고종완 원장은 "상업용 부동산은 양도차익보다는 임대수익에 비중을 두는 투자전략이 유효하다"고 말했다. 자본수익은 주로 토지에서 발생하지만 상업용 부동산은 토지가치의 비중이 낮은데다 임대료라는 현금수익을 중시한 투자가 주류를 이루기 때문이다.

그렇다고 상가 투자 시에 양도차익을 무시하라는 말은 절대 아니다. 고종완 원장은 "수익형 부동산 투자 시에 임대수익과 매매차익도 함께 고려해야 한다"며 "상가 투자 시에도 토지 가격이 올라가는 곳을 골라야 한다"고 강조했다. 일반적으로 건물은 노후화되면서 감가상각 되기 때문에 매매차익을 얻기 위해서는 결국 땅값이 오를 곳에 투자하는 것이 중요하다.

상가 투자 성공은 상권활성화 여부가 가장 중요한데 해당 상권이 활성화될 것인지 쇠퇴할 것인지는 지가변동률, 월세 추이, 권리금 추이 등 지표를 통해 객관적으로 점검해야 한다는 게 고종완 원장의 조언이다.

해당 상권의 주요 업종 구성도 중요하다. 마진률이 높은 상권으로 변하고 있는 지역이 활성화되는 상권이다. 통상 마진률은 식음료업이 50%, 서비스업이 60%, 의류·스포츠용품업이 70% 정도다. 고종완 원장은 "특정 상권을 살펴볼 때 식음료업에서

목적별 부동산 체크 포인트		
	주거용 부동산	상업용 부동산
입지조건	교통, 교육, 편의시설, 녹지공간 등	상권 활성화 여부가 가장 중요
관련 지표	주택보급률, 인구 1,000명당 주택 수, 주택수급예측	지가변동률, 월세·권리금 추이, 업종변화
참고사항	인구, 소득, 인프라, 도시계획	수익률은 금리의 3배, 5% 이상이 적정

자료: 고종완

안경점, 휴대폰 매장 등 마진률이 높은 업종으로 주요 업종이 바뀌고 있다면 상권이 업그레이드되고 있다고 판단할 수 있다"고 말했다.

신도시라 하더라도 상업시설의 공급과잉이 우려되는 지역은 투자를 피해야 한다. 고종완 원장은 "현재 수익률이 높다고 하더라도 상권이 쇠락하는 지역의 상가 투자는 미래 손실이 예상되기 때문에 투자는 금물"이라고 경고했다.

오피스텔 투자, 주거·상가 입지 둘 다 점검해야

〈사례〉 주거용 오피스텔 투자

2016년 2월 중소기업 임원에서 퇴직한 K씨(59세)는 은퇴 후 노후 준비를 위해 선릉역 인근 E오피스텔 투룸형 전용 59㎡ 급매물건을 시세보다 다소 저렴한 2억 3,000만 원에 매입했다. 자기자본 1

억 원에 대출 1억 원을 받아서 매입했고, 현재 보증금 3,000만 원에 월세 90만 원을 받고 있다. 대출이자는 연 3.5%로 한 달에 29만 원을 내고 있고, 이를 제외한 임대수익률은 7.2%다. KB국민은행에 따르면 2016년 서울 지역 오피스텔의 평균 수익률이 5.37%인데 이보다 높은 수준이다.

고종완 원장은 "선릉역 주변은 강남역과 더불어 미래가치가 높은 편"이라고 진단했다. 인근 삼성동 한전부지가 2016년부터 본격 개발될 예정이라 개발에 따른 지가상승이 기대되고, 추후 현대차그룹이 입주할 경우 파급효과로 인한 임대료 상승도 기대되기 때문이다. 고 원장은 "K씨가 매입한 오피스텔은 투룸형 구조라 신혼부부 등 임차수요가 탄탄한 덕분에 원룸과 달리 과잉공급 우려와 공실걱정도 적다"고 말했다.

고종완 원장은 오피스텔 투자의 경우 주거 입지와 상가 입지 특성을 동시에 고려하여 선택해야 한다고 강조한다. 주거용 오피스텔은 소형주택의 대체재라는 성격과 저금리시대 수익형 상품이라는 두 가지 투자 성격을 감안해야 한다는 점이다.

투자 안정성 측면에서는 소형주택이 상가 투자보다는 유리하다는 게 고종완 원장의 평가다. 소형주택은 의식주의 필수재인데다 수요가 안정적인 데 비해, 상가는 경기에 민감하고 수익변동성이 상대적으로 크다는 점에서 '고위험 고수익' 상품이

'수익형 부동산'에 대해 강연 중인 고종완 한국자산관리연구원장

기 때문이다.

고종완 원장은 "부동산은 환금성이 낮기 때문에 리스크에 대한 보상이 있어야 한다"면서 "수익형 부동산의 적정 수익률은 금리의 세 배 정도인데 2016년 6월 기준, 금리가 1.25%이므로 5%가 적정한 임대수익률"이라고 말했다. KB국민은행 자료에 따르면 2016년 3월 말 기준 전국 오피스텔 수익률은 5.78%다. 공급과잉으로 수익률은 지난해보다 떨어졌지만 여전히 적정한 임대수익률을 보이고 있다. 고종완 원장은 "금리가 내려가고 있기 때문에 여전히 오피스텔 투자는 수익성 측면에서 금리 상

품보다 유리하다"고 덧붙였다.

그렇다면 콕 집어 어느 지역에 투자하면 좋을까? 고종완 원장은 수익형 부동산의 미래가치유망지역으로 서울·수도권에서는 삼성, 수서, 잠실, 양재, 우면, 용산, 상암, 사당, 이수, 판교 등을 꼽았다. 고종완 원장은 이 지역들에 대해 "인구, 소득, 인프라, 대체불가성, 문화적 상징성 등을 종합적으로 감안할 때 주택시장 성장과 함께 추가적인 상권 활성화가 가능하다"고 말했다.

Chapter 03

지역별 유망한
재건축·재개발 단지 뭐가 있나

수도권 부동산, 서울 재건축·재개발에 달렸다

"서울·수도권은 2016년 5월 현재 강보합세인데 하반기에는 강남 재건축 분양 성적에 따라 향방이 정해질 것이다."

박합수 KB국민은행 도곡스타PB센터 수석부동산전문위원은 2016서울머니쇼에서 특강에 나서 2016년 하반기 부동산 시장 전망을 이처럼 전망했다. KB국민은행 자료에 따르면 서울 주택시장은 2013년 6월 저점을 찍은 후 양도세 감면 등 정부의 부동산 부양 정책 효과로 지난해까지 올랐다. 박합수 위원은 "서울 부동산은 2년 6개월간 연속 상승해 온 만큼 쉬어갈 때도 됐고 대출규제 등 위축 요소가 있다"면서도 "재건축·재개발이 시장을 어느 정도 뒷받침 할 것"이라고 말했다.

닥터아파트에 따르면 서울에서는 2016년에는 6월 이후 재건

박합수 KB국민은행 도곡스타PB센터 수석부동산전문위원

축·재개발 33개 단지가 분양될 예정이다. 총 3만 6,146가구 규모로 이 중 일반분양분은 1만 6,863가구다.

2만 가구 규모로 재건축되는 개포는 전체 가구의 70% 정도가 중소형이기 때문에 젊은층 유입이 클 전망이다. 박합수 위원은 "구매력이 왕성한 젊은 인구 6만 명이 유입되면 개포1동 우체국 인근, 개포동 역세권을 중심으로 양재천까지 상권이 활성화 될 가능성이 높다"며 상권 투자성도 강조했다. 그는 "구룡마을도 서울시가 2016년 말 토지보상을 시작하면서 2018년경 1,585가구가 나올 예정"이라며 "중·고등학교를 개포와 같이 사용하게 돼 사실상 개포와 같은 생활권이 될 것"이라고 말했다.

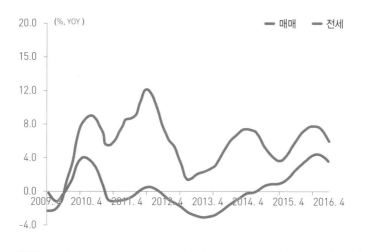

자료: KB국민은행

개포와 대치는 재건축 전략 차별화 필요

강남 대치·도곡 일대의 중층·중대형 단지인 우성, 선경, 미도 아파트 등은 중대형 재건축이 적합하다는 진단을 내렸다. 개포가 중소형 중심이라면 대치·도곡은 중대형의 인기가 높아질 것이란 분석이다. 기존 중대형 아파트를 소형 아파트 2개로 재건축하는 '1+1 재건축'은 적합하지 않다는 지적이다. 박합수 위원은 "우성, 선경, 미도아파트는 중대형으로 재건축되면 2002~2004년 준공된 타워팰리스에서 이주 수요가 발생해 가치가 극대화 될 것"이라고 전망했다.

대치 은마아파트에 대해서는 '용적률의 딜레마'를 지적했다. 은마아파트는 현재 용적률이 200% 정도로 높아서 최대치인 300%까지 올려도 100% 포인트 밖에 늘어나지 않기 때문이다. 박합수 위원은 "은마아파트는 3.3㎡당 분양가가 5,000만 원 이상 확보되어야 사업성이 있을 것으로 예상된다"고 말했다.

이와 반대로 잠실5단지는 용적률이 현재 138%로 재건축 시 320%로 늘릴 경우 180% 포인트 정도가 확대되어 수익성이 높을 전망이다. 박합수 위원은 "잠실 단지 대부분이 30층대지만 잠실5단지는 50층까지 올릴 가능성이 높다. 이럴 경우 주변 단지보다 동일 평형 기준으로 최소 1억 원 이상 높아질 수 있다"고 강조했다.

둔촌주공은 1만 2,000가구로 단일단지로는 전국 최대 규모인데다 교육, 교통, 주거 환경이 좋고 올림픽공원과 일자산공원을 갖춰 미래가치가 높다. 2016년 현재는 지하철이 5호선 밖에 없어 강남 접근성이 떨어지지만 2018년 9호선이 개통되면 강남까지 15~20분에 도착하게 된다.

고덕지구는 2016년 6월 2단지에서 2,021가구가 일반분양되고 하반기에는 3단지가 1,397가구를 분양할 예정이다. 이미 분양한 고덕시영은 2016년 5월 현재 프리미엄이 3,000만~4,000만 원이 붙어있다. 유입인구 1만 5,000명 효과를 갖는 고덕상업업무복합단지가 2018년 개발되고, 지하철 9호선이 연장될 경우 둔촌주공과 마찬가지로 강남 접근성이 개선되는 장점이 있다.

미사는 지하철 5호선 연장선이 2018년 개통될 예정이라 가치가 높아지고 있다. 장기적으로는 지하철 9호선 연장도 검토되고 있다. 이 지역 분양가는 3.3㎡당 1,300만~1,400만 원 선이었지만 이미 2016년 시세는 1,500만 원대로 올라있다. 미사역(예정)을 중심으로 인기가 높지만, 한강 영구 조망권을 갖춘 강변리버뷰자이 등도 눈여겨볼 만하다. 2016년 9월 상가면적 46만㎡ 규모의 국내 최대 쇼핑몰 스타필드가 개점하는 것도 호재다. 박합수 위원은 "위례신도시에 있는 하남시 구역과 비교하면 미사의 입지가 더 좋고 분양가도 3.3㎡당 300만 원 정도 더 저렴하다"고 말했다.

반포·잠원 한강변 시대 열린다

반포·잠원은 한강 조망권 재건축 아파트라는 것이 강점으로 작용한다는 분석이다. 박합수 위원은 "주택 입지로 전통적으로 강조돼 온 교육, 교통, 주거환경, 편의시설 등과 함께 '조망권'이 부각될 것"이라고 전망하면서, 한강 조망권의 포인트는 섬이라고 강조했다. 그는 "세빛섬 등 섬 조망권을 갖추고 한강둔치가 가까운 단지가 각광 받을 것"이라면서 한강을 길게 접한 '신반포2차' 등을 유력 단지로 꼽았다. 이미 신반포 한신1차를 재건축한 아크로리버파크는 지하철 이면 중심이던 반포 주택시장의 판세를 한강변 중심으로 바꾸기 시작했다는 진단이다. 한강변인 반포주공1단지의 1, 2, 4주구와 신반포 한신3차와 경남아파트를 중심으로 가치가 오를 것으로 내다봤다.

반포주공1단지를 '재건축의 블루칩'으로 꼽았다. 박합수 위원은 "반포주공1단지는 층수가 5층인데도 중대형이라 재건축 시 현재 3,000가구 수준에서 6,000가구 정도로 늘 수 있다"면서 "3.3㎡당 분양가가 아크로리버파크 수준인 5,000만 원 정도로 예상된다"고 말했다.

일반적으로 정비기반시설이 양호한 재건축이 열악한 재개발보다 투자성이 좋다. 재건축 단지는 기반시설이 갖춰져 있기 때문에 3종주거지역인 경우 용적률 300%를 모두 활용할 수 있지만 재개발은 용적률을 대략 270% 정도 밖에 활용할 수 없기 때문이다. 박합수 위원은 "개발 시 의무로 지어야 하는 임대아파트도 재건축이 적다"면서 "임대아파트 50가구를 덜 짓고 민간분양과 임대아파트 가격 차이를 5억 원으로 가정하면 재건축이 250억 원 이익인 셈"이라고 말했다.

강북 재개발 마포가 선도

박합수 위원은 용산공원 개발 시 글로벌시티로 부상할 것으로 전망했다. 내년 용산 미군부대가 이전하면 현재 270만

2016년 주요 재건축·재개발 분양예정 단지			
단지명	전용면적(㎡)	신축가구수	일반분양
개포주공3 디에이치아너힐즈	49~147	1,235	73
고덕 주공2	59~127	4,932	2,021
장위5구역 래미안	59~116	1,562	875
이수교2차 KCC	60~85	366	185
방배3동 자이	59~128	352	97
사당2구역 롯데캐슬	49~84	964	602
잠원 한신18차래미안	59~84	475	146
대흥2구역 자이	59~112	1,248	517
마포로6구역 SKVIEW	40~115	546	254
북아현 힐스테이트	84~119	992	350
용산국제4구역 효성	–	1,100	773
청량리4구역 롯데캐슬	87~101	1,372	1,293
풍납 우성아이파크	59~109	697	87

자료: 닥터아파트(분양 내용은 변경될 수 있음)

㎡ 미군 부지 중 230만㎡가 공원으로 조성된다. 박합수 위원은 "미군 이전비용에 3조 5,000억 원 정도, 공원 조성비용이 1조 2,000억 원이 든다"면서 "용산의 아파트는 5조 원짜리 정원을 갖춘 셈"이라고 말했다. 기존 파크타워, 시티파크와 더불어 용산국제4구역이 유망하다는 게 그의 분석이다. 또한 삼각지 결

합개발지역, 캠프킴, 유엔사, 수송사 부지 개발 시 시너지 효과가 일어날 것으로 내다봤다.

마포는 강북에서 재개발이 가장 빨리 진행되며 인근 가격을 선도하는 지역이다. 2016년 5월 현재 이미 분양가는 3.3㎡당 2,000만 원 수준으로 올라있다. 2년 반 전 7억 원 하던 전용 85㎡ 아파트가 2016년 5월 현재 한강 조망이 가능하면 9억 원까지 올랐다. 경의중앙선 부지가 공원화 되면서 공원 라인에 위치한 신수1구역 아이파크, 대흥2구역 자이, 마포로6구역 SKVIEW 등이 녹색 프리미엄을 얻고 있다고 진단했다.

위례신도시 분양가는 3.3㎡당 1,600만~1,800만 원이었지만 2016년 상반기에는 2,000만 원까지 올랐다. 박합수 위원은 "위례는 당분간은 도시기반시설 개발이 늦어져 더 이상 올라가기 힘들다"면서도 "3.3㎡당 잠실 3,000만 원, 가락시영 2,600만 원, 위례 2,000만 원 수준인데, 잠실이 올라가면 계단식으로 상승할 수 있다"고 전망했다. 다만 위례는 군부대 이전이 완료되지 않은데다 서울시 송파구, 경기 성남시·하남시 세 개로 나눠져 학군과 경찰 관할 등이 달라 체계적인 도시관리가 이루어질지 지켜봐야 한다고 예상했다. 박합수 위원은 "송파대로, 분당-수서 간 도로 등이 지금도 정체된다"며 교통 문제도 지적했다.

한편 박합수 위원은 "리모델링은 수직증축이 허용됐기 때문에 재건축과 사업성 비교 후 추진해야 한다"고 말했다. 15층 이상은 3층까지 증축이 가능하고 14층 이하는 2층까지 늘릴 수 있다. 수평증축의 경우 전용 85㎡를 초과하면 면적을 30%까지, 85㎡ 이하는 40%까지 늘릴 수 있다. 수평 확장을 해서 세대 구분형(부분) 임대를 하는 것도 가능하다. 수평 확장을 한 후 별도 출입문을 갖춘 칸막이를 달아 임대를 할 수 있다. 또한 내력벽의 일부 철거를 허용함에 따라 조잡스러운 평면 개선을 통해 주거만족도를 높일 수 있다.

Chapter 04

내 집 마련을 위한
지역별·단지별 분양아파트 분석

2016년 주택시장, 어떻게 만들어졌나?

　주택담보대출 규제로 인해 2016년 상반기 전국 주택시장은 저성장을 이어가고 있다. 이와 함께 서울은 재건축·재개발 위주로 성장하는 반면 최근 5년간 상승세를 타던 지방은 가격조정 국면에 들어가는 양극화 현상이 나타나고 있다. 함영진 부동산114 리서치센터장은 2016년 주택시장을 '저성장·양극화'로 정리하면서 안전 우선의 투자를 강조했다.

　저성장, 양극화로 정의되는 2016년 주택시장을 이해하기 위해서는 정부 행보를 되짚을 필요가 있다. 2014년 정부는 강력한 부동산 정책을 내놨다. 주택담보대출비율LTV을 70%, 총부채상환비율DTI을 60%로 완화한 것이다. 이는 시장 유동성이 만들어지는 효과를 나타냈다. 당시에는 투자수요유입이 많은 재

2014~2015년 주요 부동산 정책과 효과		
연도	정책	효과
2014년	LTV(70%), DTI(60%) 상향	6억 원 초과 아파트 많은 강남3구 수혜
	기준금리 2.5%→2% 인하	이자부담 감소, 심리효과 개선
	재건축 연한 최장 40→30년으로 완화	1987~1991년 준공 단지 수혜
	수도권 청약1~2순위 청약자격을 1순위로 통합	2015년 3월 수도권 청약가입자 70% 1순위 등록, 청약경쟁률 상승
	민간택지 분양가상한제 탄력운영	도심 민간택지 청약경쟁률 개선
2015년	기준금리 2%→1.5% 인하	주택담보대출 이자 부담 경감 전세의 월세 전환 가속 수익형 부동산 선호 증가
	공유형 모기지 수도권 외 인구 50만 명 이상 도시 확대	전세수요의 자가 이전 기대
	부채상환능력심사선진화 제2금융권 비주택대출강화	고가주택 매입, 차익 투자수요 위축 자영업자, 노령층 대출 축소 2016년 대출 규제실시

자료: 함영진

건축 상품과 신규분양시장을 활성화하는 게 주요 정책 목표였다. 2014년 청약제도 간소화와 함께 재건축 허용 연한이 최장 40년에서 30년으로 단축됐고, 분양가 상한제도 탄력적으로 운영됐다.

2015년에는 기준금리가 1.5%로 인하됐다. 실수요자들이 저리대출을 통해 내 집 마련을 할 수 있도록 공영상품도 나왔다.

함영진 부동산114 리서치센터장

그 결과 2015년에는 주택이 100만 건 이상 거래되면서 가격 상
승이 발생했다. 하지만 부동산 가격 상승으로 인해 개인이 순
수 자기자본으로 주택을 구매하기는 어려워졌고 가계부채가
늘어났다.

　가계부채가 늘자 정부는 정책 기조를 2015년 말부터 시장부
양에서 시장유지·관리로 바꿨다. 대표적인 사례가 주택담보대
출여신심사 강화다. 2016년 2월부터 수도권에 우선 적용됐고,
5월부터는 지방까지 확대됐다. 가계에서 대출을 예전보다 많
이 받지 못하게 되면서 유동성 축소로 부동산 유입자금 줄었

다. 2016년 연초 부동산 투자 심리가 위축되는 면모를 보였다.

2016년 5월 현재, 전국 부동산 시장은 지역, 상품, 위치에 따라서 각각 다른 양상을 보이고 있다. 같은 충청권이더라도 세종시는 안정적인 움직임을 보이지만 대전은 빨대효과로 가격이 떨어지고 있다.

저금리 따른 전세난이 주택시장 좌우

2016년 가격 상승을 주도하는 소비자는 갭 투자자와 전세난을 겪는 실수요자로 나눌 수 있다. 많은 세입자들이 저금리에 전세가는 높다보니 매매전환을 고려하고 있다. 2016년 5월 현재 주택시장은 이미 공급량이 전용 $85m^2$ 이하가 90% 이상일 만큼 중소형 위주로 짜여 있다.

함영진 센터장은 "2016년 전세시장은 생각했던 것보다 맥을 못 추고 있다"고 진단했다. 2015년에는 전세 가격이 많이 올랐지만 2016년은 안정된 모습을 나타내고 있다. 대구, 제주 등은 전세가율이 떨어지고 있다.

서울 아파트는 2년 전에 비해 재계약비용이 평균 8,000만 원 순증했다. 함영진 센터장은 "저금리 현상은 주택임대시장의 월세화를 가속화하고 있다"며 "정부 전월세실거래가 자료에 따르면 서울은 아파트의 월세 상품 비율이 40%에 육박하고, 비아파트는 50% 이상"이라고 말했다.

전세난이 서울 인구 감소요인이 되고 있다. 서울에서 기타 지역으로 나간 인구가 2014년 8만 명, 2015년 14만 명에 이른다. 20대를 제외한 대다수 연령대에서 서울로 유입되는 인구보다 서울을 벗어나는 인구가 더 많은 것으로 나타났다. 서울을 벗어난 인구는 경기도 고양, 남양주, 성남, 용인, 김포 등으로 이전하는 것으로 분석된다.

지방보다 서울, 서울에서도 강남

2016년 부동산 시장이 양극화가 극명하게 나타나고 있다. 이에 함영진 센터장은 서울 강남 재건축 위주의 부동산 투자를 강조했다. 실제 서울 재건축 단지에는 투자 수요가 몰리고 있다. 서울에는 강동구, 강남구 개포, 경기도 과천 등 재건축 물량이 많다. 함영진 센터장은 "올해는 지방보다 수도권, 수도권에서 서울, 서울에서도 강남이 부동산 투자가 유망한 편"이라며 "서울 25개 구에서도 서대문, 마포, 강서, 강남 등 전세가율이 높은 도심권이 전망이 밝다"고 말했다.

서울시 정책도 중요하다. 함영진 센터장은 "용산국제업무단지 좌초 이후 박원순 서울시장이 주목하고 있는 게 강남 개발"이라며 "강남, 역삼, 삼성, 잠실 일대에 박원순 시장이 추진하는 MICE 사업이 이뤄지고 있어 2020년 이후 지하 6층 규모 지하도시가 만들어질 예정"이라고 말했다. 자본은 정부 40%, 서울시 40%, 민자 20%에서 충당되는데 한전부지 매각 대금 10조 원이 재원으로 활용된다. 프랑스 라데팡스 같은 지하구조로 만 들어지며 준공 시 삼성역은 유동인구 50만 명을 넘길 수 있다.

경기도는 어떨까? 함영진 센터장은 "경기도 과천은 재건축 대기물량이 많지만 재건축 방면에는 서울의 서초, 개포에 대한 기대심리가 너무 크다"면서 "시흥, 파주, 양주는 비교적 저평가 된 지역이고 경기도 평택, 동탄은 공급이 너무 많다"고 평가했 다. 지금 가격변동률도 중요하지만 앞으로 수급여건과 인구유 입, 호재를 잘 살펴야 한다는 조언을 덧붙였다.

2016년 지방 시장에 대해서는 보수적으로 접근하라는 게 함 영진 센터장의 조언이다. 다수 지방에서 가격 조정이 본격화되 고 있다. 해운, 조선, 정유, 철강 등 지방의 자족기능 산업들에 대한 구조조정, 산업재편은 해당 지역 부동산 자산에 악영향을 끼치기 시작하고 있다. 이미 2016년 5월 현재 경남 거제, 대구, 당진, 천안, 청주 등은 부동산이 떨어지고 있다. 함영진 센터장 은 "지방은 세종시 이전, 지방혁신도시 등으로 오른 가격이 조 정되고 있지만, 가격이 조정된다고 투자에 들어가는 건 위험하 다"며 "2016년 5월 현재 상황으로는 지금 지방에 투자하는 것 은 '상투 잡는 것'이다"라고 말했다.

신규분양시장에 주목하라

함영진 센터장이 2016년 주목한 투자처는 신규분양시장이다. 2015년 전국에서 50만 가구가 공급돼 2006년 이후 최대치를 기록했다. 2016년에도 35만~40만호가 공급되기 때문에 공급은 많은 편이다. 함영진 센터장은 "이런 상황에서는 지방 말고 수도권을 봐야 한다"며 "2016년에는 3분기 정도를 노리는 게 좋다"고 조언했다. 2016년에는 건설사들도 수도권에 지방보다 주택 공급을 더 많이 하고 있는데다 4월 총선 이후 분양물량이 많이 몰려있다.

서울은 역세권의 재건축·재개발 물량이 많다. 함영진 센터장은 "서울 재건축·재개발 아파트가 분양가가 비싼 편이지만 주변 시세와 비슷하다면 거주 목적의 실수요나 자본이득을 위한 투자에 적합하다"고 말했다.

종잣돈이 없다면 청약을 일단 해서 프리미엄이 붙으면 전매하는 것도 방법이다. 함영진 센터장은 "지역 내 실수요고 매매가 대비 70% 자산을 갖고 있다면 주변 시세와 함께 재개발·재건축 조합원 매물을 단지 호가와 비교해 분양가가 저렴하다면 계약하라"고 조언했다.

임대수익이 목적이라도 새 아파트가 유리하다는 게 함영진 센터장의 지론이다. 새 아파트 가격 상승률이 낮은 아파트보다도 감가상각면에서 유리하다. 새 아파트는 2년 동안 대금 분납

2015~2016년 5월 최고 분양가 단지			
순위	단지	총가구수	3.3㎡당 분양가(만 원)
1	신반포자이	607	4,457
2	반포래미안IPARK	829	4,257
3	반포센트럴푸르지오써밋	751	4,094
4	삼성동센트럴IPARK	416	3,997
5	대치SKVIEW	239	3,929

자료: 부동산114

도 가능하다.

문제는 높은 분양가다. 강남 개포와 서초 반포는 3.3㎡당 분양가가 4,000만 원을 넘기 시작했다. 대신 시장이 양극화되다 보니 손절 위험은 적어졌다.

2016년 투자는 안전 우선, 무리하게 빚내선 안 돼

매매차익을 노린 무분별한 갭 투자는 저성장, 디커플링 기조의 시장에는 어울리지 않는다는 게 함영진 센터장의 평가다. 2016년은 공급과잉 우려 없는 지역에서 유명한 상품 위주로 청약하는 보수적인 투자 방식이 적절하다.

투자 자금도 자기자본 위주로 구성돼야 한다. 함영진 센터장은 "2016년 주택시장은 저성장할 것으로 예상되는 만큼 실수요자가 자기자본 내에서 집 마련하는 정도가 좋다"면서 "내 집 마련을 위해 대출금을 집값 70%까지 받는 것은 무리수"라고 말했다.

오피스텔 투자에 대해서는 2017년부터 적용되는 주택임대 과세를 고려해야 한다고 지적했다. 함영진 센터장은 "오피스텔 임대수익자들은 임대사업자 신고를 하고 취득세 감면 받는 게 수익률 높이는 방법"이라고 조언했다. 회전율도 적정선을 유지해야 한다. 오피스텔 대부분 1년 단위로 재계약을 하는데 중개수수료가 0.9%나 된다. 함영진 센터장은 "회전률이 너무 빠르면 수익률이 떨어질 수 있기 때문에 비교적 대기수요 탄탄한 역세권을 구해야 한다"면서 "많이 노후화된 단지는 관리비가 높아 임대료 인상이 쉽지 않기 때문에 입주 5년 이내 새 오피스텔을 구입하라"고 조언했다.

토지 투자도 보수적인 기준을 세워야 한다. 2016년부터 비사업용 토지에 대한 양도세가 10% 증가된 것도 토지 시장에 악영향을 미치고 있다. 토지 가격도 신공항 호재가 있는 제주 서귀포시나 평창 올림픽 호재가 있는 강원도 원주 등 특정 지역을 제외한 대부분은 많이 오르지 않을 것으로 봤다. 상가에 대해서도 함영진 센터장은 "상가 투자의 경우 5억 원 이상 자본 있어야 하고 경기 변동과 유동인구, 상권에 따라 편차가 크니 발품을 많이 팔아야 한다"고 말했다.

Chapter 05

'6:2:2' 법칙,
상위 20% 부동산을 잡아라

부동산 투자, '언제'가 아니라 '무엇'

"언제 부동산을 사야 하느냐고 묻는 사람들이 많다. 이런 사람은 부자 되기 힘들다."

고준석 신한은행 PWM 프리빌리지 서울센터장은 부동산은 '언제 사느냐'가 아니라 '무엇을 사느냐'가 중요하다고 강조한다. 그는 '6:2:2의 법칙'을 소개했다. 이 법칙에 따르면 상위 20% 부동산은 시장 상황과 관계없이 가격이 올라간다. 중간의 20%는 부동산 시장이 좋으면 가격이 오르고 상황이 나쁘면 가격이 떨어진다. 나머지 60%는 시장에 관계없이 가격이 떨어진다. 고 센터장은 "시기에 관계없이 오르는 상위 20% 수익형 부동산을 고르는 것이 투자의 핵심"이라고 강조했다.

부동산 시장 상황과 상관없이 좋은 물건이 있으면 살 준비가 돼 있어야 한다. 고준석 센터장은 "많은 사람들이 부동산 투자를 못하는 이유는 시장 흐름에 끌려다니기 때문"이라며 "전문가 상담을 통해 자신의 부동산을 평가하고 그 부동산이 하위 60%에 해당한다면 미리 팔아서 좋은 물건이 나올 때 바로 살 수 있게 준비해 놓는 것도 방법"이라고 조언했다.

부동산 투자에 있어서 실행력은 무엇보다 중요하다. 고준석 센터장은 "부자들은 투자를 결정하기까지는 신중하게 고민하지만 일단 투자를 하기로 결정하면 빠르게 행동으로 옮긴다"면서 "부자가 아닌 사람들은 실제 투자로 이행하는 속도가 느려 변화가 빠른 부동산 시장을 따라가기 어렵다"고 말했다. 또 부자는 최고 전문가를 멘토로 삼는 반면, 부자가 아닌 사람은 멘토가 없거나 멘토가 있어도 그들의 말에 잘 따르지 않는다고 비교했다.

좋은 물건을 빨리 잡아내기 위해서는 공인중개사를 내 편으로 끌어들여야 한다. 일반적인 경우 물건 정보를 얻는 방법은 공인중개사를 통하는 것이기 때문에 공인중개사의 마음을 잡으면 좋은 물건이 나올 때 가장 먼저 추천받을 수 있다.

흔들리지 않는 상권, C-AUTO를 확인해라

고준석 센터장이 제안한 시장 분위기와 상관없이 가치가 오르는 '흔들리지 않는 상권'을 고르는 5가지 방법 'C-AUTO'를

고준석 신한은행 PWM 프
리빌리지 서울센터장과 강
연을 경청하는 청중들

살펴보자. 고준석 센터장은 상권에 있어서 '문화$_{Culture}$'를 가장
강조했다. 문화적 요소가 들어가면 젊은층과 관광객 유입으로
부동산 가격이 오른다는 설명이다. 블루스퀘어가 들어선 후 상
권이 발달한 한남오거리와 리움미술관 인근 상권이 대표적인

예다.

'아파트Apartment' 등 배후 세대를 갖추는 것도 필요하다. 다만 주변에 대형 유통시설이 있으면 상권은 침체된다.

'대학University' 앞의 상권도 안정적인 수요를 갖췄다. 고준석 센터장은 "대학 중에서도 주 출입구가 한 곳이어서 유동인구가 집중된 지역이 좋고, 대학병원을 갖춰서 방학 중에도 꾸준한 인구유입이 가능한 곳이 좋다"면서 건국대 상권을 예로 들었다. 홍대 앞과 대학로는 '문화'와 '대학' 요소가 결합된 상권이다.

'교통Transportation'면에서는 사당역처럼 지하철역과 버스정류장이 교차하는 지역을 좋은 상권으로 지목했다. 고 센터장은 "이런 지역에서도 퇴근 시 유동인구가 많은 지역은 상권이 활성화된다"고 덧붙였다. 강남역 등 '업무지구Office'도 흔들리지 않는 상권이다.

반면 영등포 타임스퀘어, 제2롯데월드, 판교 현대백화점 인근의 상권들은 대형 유통매장이 생긴 후 흔들리고 있는 상권으로 평가했다. 그는 또 "상권이 아직 형성되지 않은 분양상가 투자는 실패 확률이 높다"고 경고했다.

신도시라더라도 단순한 베드타운은 부동산이 오르기 힘들다. 기업이 들어서고 일자리가 마련돼야 지역 부동산 가격이 오른다. 고 센터장은 서울 마곡지구는 이런 면에서 가격 상승

흔들리지 않는 상권 고르는 'C-AUTO'	
문화(Culture)	문화적 요소 갖춰 젊은층, 관광객 흡수
아파트(Apartment)	인근에 대형 유통매장 없는 지역
대학가(University)	주출입구 하나, 대학병원 갖춘 곳
교통(Transportation)	지하철역, 버스정류장 교차하는 곳
오피스(Office)	중심업무지구

자료: 고준석

가능성이 높다고 강조했다.

유동인구보다 소비수준이 중요하다는 점도 강조됐다. 고준석 센터장은 "강남구 청담동은 유동인구는 많지 않지만 소비수준이 높기 때문에 상권이 발달할 수 있었다"면서 "빅데이터 분석 결과 소비수준 높은 곳은 2030 미혼여성이 많이 다니는 곳"이라고 덧붙였다.

상권이 형성되기 전의 분양상가는 실패 확률이 높다. 특히 주변에서 흔히 볼 수 있는 '임대수익률 3년간 보장' 식의 광고는 꼼꼼히 따져볼 필요가 있다. 수익성 부동산도 임대수익률보다 자본 수익을 먼저 고려해야 하기 때문이다. 고준석 센터장은 "1억 5,000만 원짜리 오피스텔로 3년간 연 수익률 8%를 얻었다고 해도 3년 뒤 오피스텔 가격이 1억 원으로 떨어지면 손해"라며 "임대수익률에 속지 말라"고 경고했다.

수익형 부동산, 시세보다 30% 싸게 사라

고준석 센터장은 "은퇴 준비는 은퇴 전과 은퇴 후 소득을 같게 만드는 것"이라면서 "은퇴 후 소득의 70%는 물가 상승률에 걸맞게 수익이 오르는 수익형 부동산에서 나오게 하고, 30%를 금융자산에서 나오게 하는 것이 이상적"이라고 조언했다.

수익형 부동산은 일반적으로 꼬마빌딩, 상가, 오피스텔 등이 꼽히지만 종목에 상관없이 정기적으로 일정한 수익이 생기는 부동산이다. 소형 아파트나 주차장도 수익성 부동산이 될 수 있다. 주택 임대수익률은 3% 정도지만 상가는 2016년 3월 현재 5% 정도다. 아파트는 종부세와 양도세 문제가 있지만 상가는 종부세 부담이 적고 증여·상속에도 유리하다.

수익형 부동산을 싸게 사서 자본 차익을 얻는 방법도 소개됐다. 고 센터장은 "수익형 부동산은 매입할 때 30% 싸게 주고 살 것을 목표로 하라"면서 "수익형 부동산을 살 후보지역을 몇 군데 정해놓고 이 지역들에서 재산분할, 형제 상속, 부도 임박으로 저렴하게 나온 급매 물건을 노려라"고 조언했다.

고준석 센터장은 "저금리 시대엔 내 집 마련에 대출을 적극 활용해야 한다"고 말했다. 고 센터장에 따르면 적정 대출액은 월 원리금 상환액이 월소득의 30% 이내다. 일반 가정의 저축 수준이 30~35% 정도기 때문이다. 고 센터장은 "내 집 마련을 위해 대출 받는 것은 저축성 지출"이라고 정의했다.

N-CENT 갖춰야 아파트 값도 오른다

고준석 센터장은 집값 오르는 아파트를 고르는 기준 'N-CENT'도 제시했다. N-CENT는 가구수, 상업시설, 교육, 자연, 교통의 영문 약자를 따서 만든 용어다.

고 센터장이 아파트 고르는 기준으로 가장 강조한 것은 '가구수$_{Number}$'다. 고 센터장은 "단지 가구수가 서울은 2,000가구 이상, 지방은 1,000가구 이상 돼야 아파트 가격의 결정적 요인인 커뮤니티 시설을 제대로 운영할 수 있다고"면서 "요즘은 방크기나 붙박이장보다 사우나, 도서관, 키즈룸, 북카페, 골프연습장, 헬스장 등이 있느냐, 이것들을 제대로 관리할 수 있느냐가 아파트 가격으로 이어진다"고 말했다.

신도시나 택지지구의 경우에는 해당 아파트 단지뿐 아니라 해당 지역 전체 가구수까지 감안해야 한다. 고준석 센터장은 "해당 지구가 자급자족 하려면 그 지역의 총 가구가 5,000가구 이상은 돼야 한다"고 말했다.

주변에 '상업시설$_{Commerce}$'도 주의 깊게 확인해야 한다. 특히 주변에 대형마트가 있는지가 중요하다. 수도권에 비해 대형백화점이 들어서기 쉽지 않은 지방의 경우, 특히 대형마트 입점 여부가 중요하다. 고 센터장은 "마트 외에도 병원, 학원 등이 들어서기 위해서는 아파트 단지 내 상가만으로는 부족하다"면서 "주변에 충분한 상업용 건물을 갖춘 아파트가 가격이 오른다"

집값 오르는 아파트 고르는 N-CENT	
Number(가구수)	서울 2,000가구, 지방 1,000가구 이상 돼야 커뮤니티 운영 활발(신도시, 택지지구는 전체 가구수 5,000가구 이상이어야 함)
Commerce(상업시설)	단지 내 상가뿐 아니라 인근에 병원, 학원, 마트 들어설 상가건물 있어야 함
Education(교육환경)	신도시, 택지지구는 인근에 학교 부지 확정돼야 함 학원 들어설 상가 건물도 필요
Nature(자연환경)	녹지율 높고 단지 내 산책로와 수변 조경시설 갖춰야 함 조망권 위해 동 간격 넓고 건폐율 낮아야 함
Transportation(교통망)	서울·수도권은 역세권이 중요 지방은 중심지 이동 편리한 도로 갖춰야 함

자료: 고준석

고 말했다.

'교육Education' 환경도 중요하다. 특히 신도시의 경우 입주 초기에는 인근에 개교하는 학교가 적기 때문에 학교 부지가 확정돼 있느냐는 반드시 확인해야 한다. 학교뿐 아니라 사교육 시스템도 잘 갖춰야 한다. 2016년 상반기 건설사가 나서서 경기 화성 동탄2신도시 '반도유보라 아이비파크 10.0' 단지 내 상가에 강남 대치동 유명 학원들과 유치 계약을 맺은 것도 그만큼 교육이 아파트 입지에 작용하는 영향이 크기 때문이다.

'자연Nature' 환경도 중요하다. 고준석 센터장은 "최근 조망권이 부각되고 있다"면서 "하루 종일 햇볕이 들 수 있는 서남향이 가장 좋다"고 말했다. 또 동간 배치가 넓고 건폐율이 낮은 단지가 쾌적성이 높다. 단지 내 운동을 할 수 있는 산책코스나 개울물과 같은 수경 조경시설도 중요하다. 인근에 한강 둔치나 양재천 등 수변 시설이 있으면 선호도가 올라간다.

'교통Transportation'은 빼 놓을 수 없는 입지 요건이다. 역세권 선호 현상 때문에 서울·수도권에서는 '동탄역 더샵 센트럴시티2차' 등 역이름이 들어간 아파트까지 나오고 있다. 고준석 센터장은 "서울과 수도권에서는 역이 중요하지만, 지방은 차량이동을 위한 도로망이 더 중요하다"며 "차량으로 아파트에서 중심상업지역까지 얼마나 편리하게 연결돼 있느냐를 봐야 한다"고 조언했다.

증권투자로
초저금리 돌파하기

Chapter 01

혼돈의 세계 경제에서 투자전략

주식은 유럽, 채권은 미국에 돈을 묻어라

"정치·경제적으로 글로벌 불확실성이 높아지는 2016년 하반기, 주식은 유럽, 채권은 미국에 돈을 묻어라."

알렉시스 칼라 스탠다드차타드그룹 글로벌 투자전략·자문총괄대표가 서울 삼성동 코엑스에서 열린 '2016서울머니쇼'에서 펼쳐놓은 하반기 투자 포트폴리오다.

2016서울머니쇼 개막을 알리는 첫 강연 연사로 나선 칼라 대표는 빽빽이 들어선 청중 1,000여 명 앞에서 글로벌 경제·금융의 전망과 시장별 투자전략을 풀어놨다. 칼라 대표는 지난 20여 년간 스탠다드차타드은행과 미국 씨티은행에서 투자 경력을 쌓은 글로벌 투자 분야 최고 전문가로 손꼽힌다.

좌석에 앉지 못한 수십 명은 선 채로 강의를 들을 정도로 열

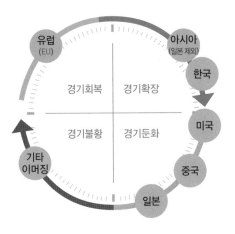

서로 다른 '경기 사이클'에 위치한 국가들

유럽
(EU)

아시아
(일본 제외)

한국

경기회복 | 경기확장

경기불황 | 경기둔화

미국

중국

기타
이머징

일본

자료: SC제일은행(2016년 4월 기준)

기는 뜨거웠다. 아시아 금리 인하와 미국 연방준비제도$_{Fed}$의 기준금리 인상 가능성, 미국 대선 등 각종 정치·경제 지표가 엇갈리면서 하반기 글로벌 경제 불확실성이 극대화되고 있기 때문으로 풀이된다.

이런 불확실성의 시기에는 주식과 채권을 50대 50으로 혼합하는 포트폴리오가 초과수익률 달성에 유리하다는 게 칼라 대표의 주장이다. 그는 채권 중에서는 미국 국채를 추천했다. 미국 경제가 경기확장 이후 경기둔화 초입을 의미하는 경기순환 후반기에 들어섰다는 판단에서다. 칼라 대표는 "미국 경기순환

알렉시스 칼라 스탠다드차
타드그룹 글로벌 투자전략·
자문 총괄대표의 강연

후반기에는 국공채가 우수한 수익률을 보인다"며 "과거 데이
터를 보면 경기침체 6개월 전 국공채 성과가 주식과 하이일드
성과를 상회하기 시작한다"고 설명했다.

아울러 그는 한국 채권에 대해서도 우호적으로 평가했다. 그
는 "한국의 채권지수가 현금성 자산보다 2016년 1월부터 꾸준
히 더 좋았다"며 "그 차이가 점차 벌어지고 있는 추세"라고 말
했다.

주식의 경우 유럽 시장이 여전히 투자 가치가 높다고 칼라 대

표는 손꼽았다. 그는 "최근에 나온 유럽 기업들의 실적도 대체로 좋았고, 경기순환 국면에서도 유로존 시장이 경기불황을 지나 경기회복으로 가고 있다"고 말했다. 다만 영국의 경우 현재 브렉시트(영국의 유럽연합 탈퇴) 위험이 있고, 그리스도 여전히 국제통화기금IMF과 구제금융 협상을 진행 중이라는 점에서 투자할 때 유의해야 한다고 조언했다.

반면 일본 주식과 미국 주식에 대해서는 다소 유보적인 견해를 보였다. 칼라 대표는 "일본 주식의 성과와 엔화는 높은 상관관계를 보인다"며 "엔화 강세로 여전히 일본 주식에 조심스럽게 접근해야 한다"고 강조했다. 하지만 일본 기업 실적이 둔화 흐름에서 벗어나 양호하다는 점과 언제든 일본 정부의 재정정책으로 일본 시장이 반등할 수 있다는 점은 잘 살펴봐야 한다고 말했다.

미국 주식 전망은 연말까지는 조심스럽다고 전했다. 칼라 대표는 "2016년 1분기 미국 기업 이익은 기대치를 상회했지만 이미 주식에 반영됐다"며 "성장잠재력이 크지 않다"는 평가를 내놨다.

국내 주식시장에 투자할 때는 대형주와 중소형주의 균형 있는 접근이 필요하다고 칼라 대표는 역설했다. 칼라 대표는 "올해에는 중소형주와 대형주에 뚜렷한 선호가 보이지 않고 있다"며 "수익률에서 덩치(납입자본금)보다는 업종별 이슈가 더 크게 작용하기 때문"이라고 말했다. 다만 그는 "중장기적으로는 우월한 성장 기반을 가진 중소형주 선호가 필요하다"고 말했다.

칼라 대표가 중소형주를 선호주로 꼽은 이유는 파괴적 기술혁신 때문이다. 그는 "애플리케이션을 통해 택시를 예약할 수 있는 것처럼 산업구조를 파괴하는 혁신 기술을 가진 중소기업에 주목해야 한다"고 말했다.

그는 이렇게 투자하는 데에 있어 가장 중요한 것은 글로벌 경제가 둔화되고 있는지에 대한 여부라고 강조했다. 그는 "지난 50여 년 동안 글로벌 경제성장률은 3.6%였지만, 국제통화기금은 향후 글로벌 경제성장률이 2.5%에 그칠 것이라고 전망한 바 있다"고 말했다.

그는 거시적인 경제를 이해하기 위해서는 생산의 3요소인 '근로인구가 얼마인가', '근로시간이 얼마인가', '얼마나 생산하는가'를 지켜봐야 한다고 했다. 즉 국내총생산GDP은 근로인구 수, 근로시간, 생산성의 함수의 결과물이라는 것이다.

하지만 최근 노동인구 뿐 아니라 생산성 증가율도 눈에 띄게 떨어져 글로벌 경제성장률 전망이 어둡다. 그는 "세계 곳곳에서 젊은이의 수가 줄고 고령화가 진행되고 있다"며 "결국 생산성 증가가 관건인데, 이마저 감소하는 추세"라고 말했다.

또 칼라는 전 세계적으로 미국 중심의 단극시대를 지나 다극시대로 가고 있다고 지적했다. 그는 "20세기 후반 미국 중심의 단극체제는 점차 쇠퇴하고 있다"며 "다극체제 하에서 여러 위험 요소가 늘어나는 것이 일반적"이라고 말했다.

그는 다극시대엔 모든 국가에 적용될 수 있는 규범이나 규칙이 사라지면서 세계화가 후퇴한다고 설명했다. 그는 "다극시대엔 군사적 위험이 커지고 보호무역주의 경향이 강해진다"면서 "더 이상 해외에 공장을 운영할 수 없거나 해외로부터 자원을 사올 수 없을 수도 있다"고 말했다. 이에 따라 글로벌 생산성은 감소할 수밖에 없다.

아울러 그는 각 국가의 중앙은행에 주목해야 한다고 말했다. 전 세계적으로 중앙은행의 역할이 소비나 투자를 진작시키는 방향으로 바뀌고 있어서다. 중앙은행의 조치에 따라 글로벌 경제성장률이 크게 달라질 수 있다는 얘기다. 그는 "2015년 말 각 국가 경제성장률이 중앙은행 목표치보다 낮았지만, 이전보단 나아진 수준"이라고 말했다. 특히 일본의 경우 중앙은행이 어떤 역할을 하느냐에 따라 일본 시장에 대한 전망이 뒤바뀔 수도 있다고 했다.

Chapter 02

국내 증시전망과 IT·차·철강·한류 등 주요 산업별 분석

가격이 싸고 실적 개선이 예상되는 대형주가 포인트

"나쁜 기업이 좋은 주식이 될 수 있다. 수년간 나쁜 기업이라도 가격이 싸고 실적이 턴어라운드 국면이라면 투자해야 한다"

2016년 서울머니쇼 '증시 대전망-산업별 가능성과 유망주 찾아보기'에 연사로 나선 윤지호 이베스트투자증권 리서치센터장은 국내 증시를 전체 지수로 판단해서는 안된다고 강조했다. 한국처럼 박스권에서 왔다갔다하는 시장은 달러 흐름과 국제유가 동향을 감안해 가격이 싸고 실적 개선이 예상되는 대형주(가치 중심) 위주로 접근해야 한다는 뜻이다.

윤지호 센터장은 "2016년 가장 중요한 투자 포인트는 달러 강세와 약세로 구분해 국면별 시나리오를 짜는 것"이라며 "2015년이 달러 강세의 정점이라는 판단 하에 투자 섹터를 선택하는 것이 바람직하다"고 주장했다. 이베스트투자증권이 제시한 달러 약세장에서의 시장은 미국보다 선진국, 선진국보다는 신흥국 장세가 전개될 것으로 예상된다. 상품가격이 안정되고 경기민감업종(경기민감소비재, IT, 금융, 소재, 산업재)이 달러 표시 글로벌 무역액 증가와 함께 신흥시장의 부상 가능성이 클 것이란 분석이다.

국내의 경우 대형 가치주들이 아웃퍼폼할 가능성이 높다고 분석했다. 윤지호 센터장은 "수익률지속현상Return Reversal(특정기간 중 수익률이 낮았던 종목이나 지수가 다음 기간에 수익률이 상대적으로 높아지는 현상)을 보면 지난해 수익률 상위 30종목의 상당수를 차지했던 헬스케어 종목 중 여럿이 올해 수익률 하위 30종목에 포함된 반면 수년간 바닥을 치던 산업재·소재 기업들이 상위 30종목에 포진돼 있다"고 말했다.

스타일은 항상 순환한다는 주장도 이어졌다. 2012~2015년 국내 기업들의 성장이 정체된 국면에서는 조금이라도 실적이 개선되는 기업들(성장주)에 엄청난 주가 프리미엄이 붙어 비싸졌다는 의미다. 윤지호 센터장은 "좋은 기업이 항상 좋은 주식은 아니다"며 "성장주들의 펀더멘탈(기업의 내재가치로 실적, 성장성 등)이 훼손된 게 아니라 성장 속도가 둔화된 것만으로도 주가가 빠질 수 있다"고 전했다. 성장 산업에서 펀더멘탈에 대한 민감도가 둔화되는 구간이 오면 밸류에이션이 정체된다는 것이

강한 달러와 함께한 시장

달러 인덱스 / EMCI (pt)

미국/신흥시장(좌) / 미국/선진시장(우)

유가 (달러)

성장/가치 (pt)

미 국채 10년물 금리 (%)

달러기준(좌) / 증가율(우) (pt, %, YOY)

약한 달러와 함께할 시장은?

✔ 미국보다 선진국, 선진국보다 신흥국

✔ 상품가격 안정, 인플레이션 발생

✔ 달러표시 글로벌 무역액 증가

✔ 경기민감업종: 경기민감소비재, IT, 금융, 소재, 산업재

✔ 대형주·가치주 Outperform

✔ 금리 인상 사이클 시작

✔ 통화정책 안정화, 재정정책 시작

✔ 인프라 투자 사이클 시작

자료: 이베스트투자증권

윤지호 이베스트투자증권 리서치센터장

다. 다시 말해 2016년은 나빴던 기업을 싸게 살 타이밍이라는 게 윤지호 센터장의 의견이다. 산업이 고꾸라진 소위 '망한' 기업만을 보는 경향에서 벗어나 망한 업종에서도 지금까지 살아남고 있는 기업들에 주목해야 한다는 것이다.

이 같은 주장을 바탕으로 전통 산업재 대형주들에 대해선 대체로 긍정적으로 전망했다. 그는 "건설업종의 경우 낮은 유가와 여전히 싼 원자재 가격으로 해외발주 기대감은 높은 편"이라며 "건설사 상당수가 해외 부실 관련 리스크를 이번 상반기 내 해소하면서 실적 개선을 기대해도 좋다"고 말했다. 반면 부동산 거래 둔화와 건자재 실적 하향 조정 전망, 미분양 우려로 주택업체와 B2C건자재업체 성장 둔화 가능성은 염두에 둬야 한다며 대림산업과 현대건설을 추천했다.

조선주에 대해서도 시장 전망과 다른 관점을 내놨다. 그는 "국내 조선업체들의 실적 부진의 원인이라는 중국도 조선업이 죽어가는 건 마찬가지"라며 "조선 수주는 꾸준히 나오는 상황에서 전 세계 조선소 구조조정에 따른 수혜가 예상된다"고 전했다. 해양플랜트 손실 우려가 없는 현대미포조선이 유망할 것으로 내다봤다. 연 10조 원 규모로 예상되는 선박평형수 처리 시장도 조선업에 큰 호재가 될 전망이다. 다만 당장은 선박 발주량이 부진하고 국내 구조조정 과정에서의 잡음도 불가피하다고 덧붙였다.

정유·화학 업종에서는 유가 흐름이 매우 중요하다고 강조했다. 저유가 상황에서 유가가 오를 경우 정유사들의 재고 평가 이익이 늘어나기 때문이다. 그는 "저유가 기반에서의 수요를 바탕으로 정제마진이 견조하고 글로벌 경기가 개선될 경우 전 산업의 후방산업인 정유·화학의 수혜가 예상된다"고 말했다.

철강업종에 대해선 중국 내 철강가격 상승에 따라 국내 철강업체들의 가격 인상 시도가 계속되고 있다는 점을 긍정적으로 내다봤다. 이러한 가격 상승은 중국 내 수요 회복을 위한 투자 관련 정책 발표와 맞물려 철강시장 전반에 효과적일 것이라는 분석이다. 윤지호 센터장은 "국내 철강 대장주인 포스코의

- 좋은 기업이 항상 좋은 주식일 수는 없다: Why! 성장주 투자자는 좋은 주식을 보유하기 위해 고가의 프리미엄 지불

- 좋은 기업이 좋은 주식을 만드는 기간이 있는 반면, 나쁜 기업이 좋은 주식을 만드는 경우도 있다
  →성장주 투자자는 비관적 컨센서스에서 유리, 가치주 투자자는 낙관적 컨센서스에서 유리

- 시장의 컨센서스와의 차이 혹은 전망치 변경이 숫자 그 자체보다 중요

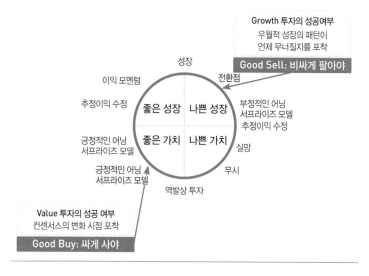

자료: 이베스트투자증권

경우 흑자전환 여부보다는 매출을 얼마나 회복할 수 있을 지가 관건이 될 전망"이라고 전했다.

윤지호 센터장은 "2016년 시장은 좋은 기업이 좋은 주식인 기간이 있는가 하면 나쁜 기업이 좋은 주식으로 바뀔 수 있다"

며 "대형주 중심의 가치투자는 실적 컨센서스의 변화가 감지되는 시점을 포착해 싸게 사는 것이 핵심"이라고 말했다. 특히 대형주 가운데서도 실적 턴어라운드 조짐이 보이는 업종, 주가순자산비율PBR 1 미만인 기업에 주목해야 한다고 강조했다.

반면 2000년대 이후 국내 경제성장을 이끌어온 IT 제조산업에 대해선 회의적인 입장이다. 특히 2013~2014년까지 20% 이상 성장을 해오던 스마트폰 시장은 더 이상 혁신을 기대하기 어려워 과거와 같은 고성장세가 불가능하다고 주장했다. 윤지호 센터장은 "스마트폰은 아이폰과 같은 제품이 나와줘야 LCD, OLED 제조업체들의 수주량도 늘어나는 데 이제 이런 혁신적인 제품이 나오긴 어려울 것"이라며 "IT 산업에 대해선 단기 매매 할 수 있지만 장기 성장에 베팅할 수 있는 시장으로는 적합하지 않다"고 말했다.

기술 혁신으로 바뀔 신경제 체제에서의 한국의 역할에 대해서도 객관적으로 분석했다. 가상현실VR, 우주탐사, 로봇 비즈니스 등 첨단기술을 동반한 새로운 산업들이 급부상하면서 관련 기업들의 주가 상승을 기대하는 현상에 대한 비판이다. 그는 "한국이 이런 막대한 비용과 시간이 들어가는 첨단 산업을 주도할 수 있을 것 같지 않다"며 "전 세계 로봇 비즈니스의 40% 는 의료용 로봇이며 이 시장을 주도하고 있는 일본과의 기술력 차이는 꽤 크다"고 말했다.

전통적인 유통채널이 힘들어질 것이란 의견도 내놨다. 1인 가구 증가와 고령화 확산으로 내수가 위축되는 소비절벽이 나타나면 합리적 소비 확산으로 전통 유통업체들의 성장 둔화가 나타날 것이란 분석이다. 윤지호 센터장은 "전자제품, 의류에까지 침투한 온라인 채널이 곧 식품산업까지 확산될 것"이라며 "이제는 브랜드 파워가 아닌 경제 흐름에 따른 소비 패턴의 변화를 주시해야 한다"고 말했다.

　반면 한국의 미디어 산업은 향후 성장 가능성이 높다고 평가했다.

Chapter 03

국내 최고 펀드매니저 3인의
'성장주 찾아내기'

성장주를 찾아라

1%대 금리시대가 도래하면서 원금보장형 상품의 기대수익률은 떨어지고 있다. 코스피는 박스권(1800~2100)을 맴돌고 신흥국과 선진국 자산가치는 2015년과 상반되는 양상이다. 불확실성과 변동성이 확대되면서 전문가들도 섣불리 시장을 예측하지 못하는 환경이다.

갈 곳 잃은 투자자들을 위해 국내 스타 펀드매니저들이 2016 서울머니쇼에 나섰다. 민수아 삼성자산운용 밸류주식운용본부장, 박현준 한국투자신탁운용 코어운용본부장, 원종준 라임자산운용 대표 등 투자전문가 3인이다. 2016년 5월 기준 민 본부장은 '삼성중소형Focus(3년 20%, 5년 53%)'를 10년째 맡고 있으며 박 본부장은 국내 8개에 불과한 설정액 1조 원 이상 펀드인 '한국투자네비게이터(3년 13%)'를 운용 중이다. 원종준 대표의 라임자산운용은 2016년 헤지펀드 수익률 최상위(라임 모히또 10%)를 달리며 사모펀드 시장에서 돌풍을 일으키고 있다.

3인의 매니저가 입을 모은 2016년 하반기 투자전략은 보유 가치 대비 가격이 싼 주식을 사는 것이다. 과거 4~5년간 양극화 됐던 국가, 기업, 상품 등 자산 가격이 2016년에는 균형을 맞춰 갈 것으로 전망되기 때문이다. 유망 업종으로는 산업재 중심의 대형주와 금융주를 꼽았다. 박현준 본부장은 "박스권 과거 몇 년과 달리 2016년에는 기업실적 개선이 가시화되고 있다"며 "이미 국내 증시 전반이 성장률 둔화 등 부정적인 요인을 반영 한 저평가 국면이기 때문에 펀더멘탈 개선과 밸류에이션 매력 이 동시에 나타날 것으로 예상된다"고 말했다. 주도주와 관련 해선 앞으로 2~3년간 대형주 장세가 이어지는 반면 중소형주 는 지난해 상반기 고점에 도달한 것으로 평가했다.

민수아 본부장도 밸류에이션이 균형을 맞춰가는 해가 될 것 으로 내다봤다. 그는 "2008년 금융위기 이전에 전체 글로벌 경기 상황을 보면 중국이 등장하면서 굉장히 많은 설비투자가 일 어나고 전 세계적으로 관련 산업이 성장했는데, 금융위기 이후 공급과잉이 발생하며 이후 장기적으로 조정받았다"며 "이런 기업들이 지속적으로 구조조정을 진행해 오고 있고 실적 반등 신호도 나타내면서 조정 국면이 해소가 될 것"이라고 말했다.

왼쪽부터 원종준 라임자산운용 대표이사, 박현준 한국투자신탁운용 코어운용본부장, 민수아 삼성자산운용 밸류주식운용본부장, 전병득 매일경제 증권부 차장

특히 2016년 국내 기업들의 이익 하락세가 진정됐다는 점에서 의미가 있다는 분석이다. 민 본부장에 따르면 2011년 이후 우리나라 전체 기업이익은 연초 예상보다 항상 하향조정 돼 왔으나 2016년은 기업이익에 대한 연초 시장 컨센서스가 하향조정되고 있지 않다.

민수아 본부장은 수년간 설비투자가 위축되며 가격이 싸진 산업재·소재 업종이 2016년 상승세를 지속할 것으로 예상했다. 그는 "코스피에서 높은 비중을 차지하던 설비투자 기업들의 주가가 빠지면서 성장세를 나타내던 소비재 중심 업종들은 더욱 부각되며 주가에 프리미엄까지 받았다"며 "2016년은 산업별

펀드매니저 3인방의 증시전망과 추천 투자전략

❶ 한국투자신탁운용 코어운용본부장
❷ 한국투자네비게이터(1조 2,000억 원)
❸ 대형 수출·경기민감 업종

❶ 삼성자산운용 밸류주식운용본부장
❷ 삼성중소형포커스(3,000억 원)
❸ 실비투자 중심 경기민감 업종

❶ 라임자산운용 대표
❷ 라임 모히또 (헤지펀드)
❸ 금융·증권업종· 농산물 ETF

민수아

원종준

박현준

❶ 회사 및 직책　❷ 대표 펀드　❸ 올해 유망 자산

가격 차이가 해소되는 국면이 나타날 것"이라고 말했다. 다만 장기적으로는 화장품 등 필수 소비재 기업들의 상승 가능성이 높다고 주장했다. 박현준 본부장은 "2016년 1분기 반등으로 저평가 자산들의 상승세가 끝났다고 보는 해석도 있지만, 하락폭이 워낙 컸던 만큼 3분기까지 강세는 이어질 것"이라며 "대형주들의 강세가 예상되고 이 중에서도 내수주보다는 수출주가 실적 상승과 함께 부각될 것으로 예상한다"고 말했다. 2016년만 놓고 봤을 땐 경기방어주보다는 민감주가 유망할 것이라는 게 박현준 본부장의 의견이다.

이런 시장에서는 철저하게 개별 종목과 업종 위주로 접근해야 한다는 조언도 나왔다. 주식시장은 상대적인 것이기 때문에 전체 시장에 대한 예상이 큰 의미가 없다는 설명이다. 원종준 대표는 "2015년 상반기까지 포스코를 비롯한 철강·조선주가 5년 가까이 빠지기만 한 반면 화장품, 음식료 등은 3~4배씩 올랐다"며 "경기가 안좋은 상황에서 조금이라도 성장세를 보이던 기업·업종이 프리미엄까지 받아서 치고 올라간 것"이라고 진단했다. 개인투자자들이 자꾸 '코스피 전체 지수'에 목을 맬 필요가 없다는 의미다.

　원종준 대표는 "국내 시장은 종합지수가 크게 상승할 것 같지 않지만 보유가치 대비 가격이 눌려 있는 기업은 상승 가능성이 높다"며 "투자자들은 상대적으로 평가절하 돼 있는 업종이나 개별 기업에 접근해야 한다"고 전했다. 대표적으로 금융·증권 업종을 꼽았다. 그는 "최근 반등이 있었지만 장기적으로 봤을 때 여전히 저평가 구간"이라며 "반면 조선주는 가격은 싸지만 산업 자체가 흔들리고 있기 때문에 투자를 삼가야 한다"고 조언했다. 이 밖에도 농산물 상장지수펀드ETF를 가격 매력이 높은 자산으로 꼽았다.

　주도주와 관련해선 신중론이 펼쳐졌다. 대형주와 중소형주의 구분이 점점 모호해지고 있어서다. 민수아 본부장은 "예전에는 코스피 대형주 중에 산업재 섹터가 많았는데 이 기업들이 심하게 조정받으면서 주가가 빠져버리는 바람에 중소형주(중소형주의 27%가 산업재)로 많이 넘어왔다"며 "반면 소비재 일부는 주가 프리미엄까지 받으면서 대형주가 돼 버렸다"고 말했다.

중국에 대해선 부정적인 의견이 지배적이었다. 특히 2016년 2분기 활발하게 진행되고 있는 중국 자산 단기 매매 흐름에 대해 경계했다. 박현준 본부장은 "중국 펀드에 다시 돈이 몰리는 것처럼 가격요인에 따라 단기 매매하는 것은 전문가들의 영역이므로 일반 투자자들은 국가 경제성장률과 기업 실적 등 펀더멘탈을 고려해야 한다"고 지적했다. 원종준 대표 역시 중국투자는 가능한 지양해야 한다고 주장했다. 2016년 상반기 중국의 모습은 GDP 10%에 근접했던 1970~1980년대 국내 기업들의 모습처럼 위험하다는 뜻이다. 그는 "국내 기업에 대해서도 정확히 알기 어려운데 투자자가 정보를 파악하기 어려운 중국에까지 범위를 넓히는 게 맞는지 모르겠다"며 "어떤 자산에 장기투자하려면 가격변동성이 낮아야 하는데 중국은 가장 변동폭이 급격한 시장 중 하나"라고 지적했다. 민수아 본부장도 "중국 시장은 시장 전체보다는 개별 기업을 보고 접근해야 한다"고 말했다. 매니저들은 상품가격과 밀접한 관련이 있는 신흥시장에 투자할 때도 시장 동향을 파악하고 있는 것이 중요하다고 입을 모았다.

마지막으로 바람직한 펀드투자 방법에 대해서도 공개했다.

2016서울머니쇼 '최고 펀드매니저 프로젝트' 특별섹션에서 전문가들이 국내외 증시 전망과 성장주 발굴에 대한 노하우를 전수하고 있다. 오른쪽부터 원종준 라임자산운용 대표, 박현준 한국투자신탁운용 코어운용본부장, 민수아 삼성자산운용 밸류주식운용본부장, 전병득 매일경제 증권부 차장

단기적으로 수익률이 급등한 펀드를 피하고 한눈에 투자철학을 파악할 수 있는 상품을 고르라는 것이다. 박현준 본부장은 "지금 시장에서 뜨거운 펀드에 가입하면 상투를 잡을 확률이 높다"며 "특정 시점에 손실이 발생해도 장기적으로 수익을 증명하는 펀드를 선택하는 것이 좋다"고 말했다.

　　원종준 대표는 "인터넷을 통해 펀드가 보유한 상위 10개 종목과 주가수익비율PER, 주가순자산비율PBR만 봐도 된다"며 "펀드의 대표 종목만 봐도 고유의 투자전략을 파악할 수 있다면 믿을 만한 펀드"라고 전했다.

Chapter 04

'슈퍼개미'에게 듣는
'주식투자 성공 노하우'

장기투자만이 주식투자 해법

'주식농부'로 유명한 박영옥 스마트인컴 대표가 2016서울머니쇼에서 공개한 '부자가 된 비결'은 간단명료했다. 생활 속에서 좋은 기업을 찾고 믿음이 생겼을 때 그 기업에 오랜 기간 투자하는 것이다. 아쉬운 점이 있다면 5,000만 원을 1,500억 원대로 만들어준 그의 투자법을 대다수의 개인투자자들이 따르지 않고 있다는 점이다.

박영옥 스마트인컴 대표가 2016서울머니쇼에서 나섰다. '슈퍼개미(주식시장에서 성공적인 투자로 부를 축적한 개인투자자를 일컫는 말)'를 넘어 현재 73개 기업의 5% 이상 주주로 등록된 박영옥 대표의 주식투자 전략. 그 핵심은 사냥꾼이 아닌 농사꾼의 눈과 마음가짐으로 주식에 접근하는 것이다.

먼저 박영옥 대표는 기업에 장기투자하는 것만이 자산을 증식할 수 있는 수단이라고 강조했다. 그는 "기술이 끊임없이 발전하는 시대에서 성장하는 기업에 의지하지 않으면 살아갈 수 없다"며 "기업의 주식을 사는 것은 주인이 되고 돈을 일하게 하는 방법"이라고 말했다. 29년째 자본시장에 몸담고 있는 박 대표는 초기 자금 5,000만 원을 주식투자만으로 1,500억 원대로 불린 국내 주식시장의 대표적인 개인투자자다. 기업 지분을 보유하는 순간 주인이 된다는 장기투자 철학으로 인해 한국의 '워렌버핏'으로 불리기도 한다.

박 대표는 수많은 개인투자자들이 여전히 단기적 시장 흐름에 따른 주식 매매에 치중하는 나머지 국내 기업들의 눈부신 성장에 따른 성과를 전혀 공유하지 못했다고 지적했다. 그는 "제조업을 바탕으로 국내 기업들은 세계적으로 눈부신 성장을 이뤄냈다"며 "그런데 550만 명이나 되는 일반투자자 중에 이런 국내 기업들 급성장에 따른 성과를 공유한 투자자는 드물다"고 말했다. 국내 투자자들이 단기 주가에만 열중해 주식을 빨리 사고 팔았기 때문에 진짜 열매를 맛보지 못했다는 주장이다.

그는 주식시장이 최고의 '공유시스템'이며 생활 주변에 주식을 발굴해서 장기투자하면 농부가 될수 있음에도 99%의 개미투자자들이 올바른 투자관을 가지고 있지 않기 때문에 실패한다고 평가했다. 박영옥 대표는 "주식을 단기적으로 사고 팔면

슈퍼개미에게 듣는 '주식투자 성공 노하우' 특강 장면. 왼쪽부터 채경옥 매일경제 논설위원, 박영옥 스마트인컴 대표

용돈을 벌 순 있는데, 기업의 성과를 공유할 수는 없다"며 "매일 눈에 시세표가 보여지니 이 부분을 실천하기가 매우 어려운데, 주가 하락에 따른 공포심과 상승에 따른 평정심을 마음에 가둬둬야 한다"고 말했다. 이어 "단기 매매로는 절대로 성공할 수 없다"고 단언했다.

주식은 사냥꾼이 아닌 농부처럼 하라는 것이 박영옥 대표의 지론이다. 이를 위해선 올바른 투자 가치관을 정립하는 것이 우선이다. 그는 "투자하는 대상은 주가가 아니라 기업이 만들

주식농부 박영옥의 투자원칙
1. 주식은 사냥꾼이 아닌 농부처럼 해라
2. 기대한 수익에 감사하는 마음을 가져라
3. 투자자도 기업의 주인이라는 의식을 가져라
4. 1년 이상 기업을 관찰하고 투자해라
5. 투자한 기업과 소통, 교류하라
6. 투자기업은 5개 안팎으로 한정해라
7. 한번에 많은 주식을 매입하지 마라
8. 좋은 사업모델을 가진 기업에 투자해라

어내는 제품, 서비스 등 주가 뒤에 숨어있는 기업의 본질이어야 한다"며 "기업의 CEO나 직원뿐만 아니라 소액 투자자들도 기업가 정신과 주인의식을 가져야만 3~4년 후를 기약하는 장기투자를 할 수 있다"고 전했다.

박 대표는 장기투자를 가능하게 하는 요인으로 소통과 교류를 꼽았다. 투자자는 적어도 자신이 투자하는 기업에 대한 정보는 꿰야 하는데, 직접 소통하는 게 가장 확실한 정보를 얻는 방법이란 뜻이다. 다만 기업과 소통을 위해 회사의 CEO, CFO, 직원들을 만날 필요가 없다는 게 그의 생각이다. 그는 "눈 여겨 보는 회사의 제품을 이용하고 경쟁사의 평가를 들어보는 게 가장 빠른 방법"이라며 "투자기업에 대해 지속적으로 관심을 쏟고 이해도를 높이려면 투자 대상은 5개 안팎으로 구성하는 것이 좋다"고 덧붙였다.

박영옥 대표는 주식시장 전체 흐름을 예측하지 않는 것으로 유명하다. 주식시장은 넓은 바다와 같은데 모든 파도의 흐름을 다 신경쓸 수 없어서다. 박영옥 대표는 "넓은 바다를 안전하게 항해할 수 있는 항공모함만 만들면 웬만한 파도들은 문제되지 않는다"며 "우리가 투자하는 기업과 업종을 봐야지 전체적인 시장은 참고사항일 뿐"이라고 말했다.

박영옥 대표는 개인투자자들을 위해 10년간 투자해도 될 기업을 공개하기도 했다. 그는 "항상 개인투자자들은 주식투자 자체를 너무 어렵게 생각하는 경향이 있는데, 생활 속에서 모든 곳에 사용되는데도 인식을 잘 하지 못하는 기업들을 살펴보라"며 "우리나라에 1등 기업은 스마트폰을 만드는 삼성, 자동차를 만드는 현대차만 있는 게 아니라 우리가 먹고 마시고 즐기는 모든 생활에 필요한 재화를 만드는 1등 기업이 많다"고 말했다. 화장품(아모레), 라면(농심), 부탄가스(대륙제관), 자전거(삼천리), 가죽(조광피혁), 와이어(고려제강) 등 장기투자할 기업이 여전히 많다는 게 박영옥 대표 생각이다.

특히 조광피혁은 박영옥 대표가 많은 지분을 아직까지도 보유하고 있는 것으로 유명하다. 박영옥 대표는 조광피혁의 주가가 주당 1만 원 안팎이던 시절부터 매입해왔는데 2015년 2월

주당 15만 원까지 올랐을 때도 팔지 않은 것으로 유명하다. 그는 "조광피혁이 많이 올랐는데 '왜 팔지 않냐'는 질문을 많이 받았다"며 "자동차 기술이 발전해 전기자동차, 무인자동차 등이 나온다고 해도 천연가죽 등 내장재 수요는 자동차 보급화로 더욱 확대될 것으로 전망되기 때문에 단기적으로 수익을 실현하는 게 의미가 없다"고 말했다. 섬이 많은 지역에 다리가 많이 생기면 이를 연결하는 케이블 와이어를 만드는 기업의 가치가 올라가기 때문에 고려제강이, 여가시간 증가에 따른 캠핑 수요 증가는 부탄가스 1위 기업인 대륙제관의 가치 상승으로 이어질 것이라 게 그의 생각이다.

박영옥 대표는 자신이 고수하는 장기투자 철학은 거창한 것이 아닌 기업의 성장주기에 따른 투자일 뿐이라고 보고 있다. 지속적으로 성장만 하는 기업은 드물기 때문에 이 사이클에 따라 투자하는 것이 바람직하다는 것이다. 예를 들어 A제조업체가 수년간 연구·개발비를 들여 획기적인 제품을 내놓으면 매출이 급격히 증가하다가 경쟁사들이 비슷한 제품을 내놓기 시작하면서 매출이 떨어진다. A기업은 또 다른 새로운 제품을 내놓기 위해 연구비를 투입한다. 이 한 번의 주기를 거치려면 적어도 3년 이상이 소요되는 셈이다. 박영옥 대표는 "이것이 내가 1~2년 동안 지켜보고 소통하고 예상한 대로 기업이 성장해 갈 때 투자한 후 2~3년을 더 기다리는 이유"라며 "투자자가 싸워야 할 대상은 기관이나 외국인 투자자들이 아니라 자기 자신"
이라고 말했다.

　박영옥 대표는 1987년 증권업계에 발을 들여 전업투자 회사
인 스마트인컴 대표로 활동하는 2016년까지 29년을 주식시장
에 몸담아왔다. 그는 자신의 투자기법을 농부에 비유하며 씨를
골라 뿌리고 수확할 때까지 장기투자하는 방법을 고수해 2001
년부터 2010년까지 연평균 50% 이상의 수익률을 달성했다. 현
재 지분 5% 이상을 보유하고 있는 기업만 해도 삼천리자전거,
참좋은레저, 에이티넘인베스트, 대동공업 등이 있다. 박영옥
대표의 투자원칙은 높은 수익보다 손해 보지 않는 투자로, 이
를 위해선 기업이 가진 내재가치에 장기투자하는 것이다.

Chapter 05

펀드투자의 성공전략과
비과세해외주식펀드 활용

노후준비하려면 '원금보장형 상품에서 벗어나야'

"개인 차량이 없어 평소에 버스, 택시 등 대중교통을 자주 이용합니다. 그런데 택시를 자주 타다 보면 기사분들 중에 연로하신 분들이 너무 많아요. 왜 아직도 일을 하는지 여쭤보면 언제나 같은 대답입니다. 특별한 노후준비 없이 자식들에게 조금씩 떼어주다보니 아직도 고된 일을 하고 있다는 겁니다."

금융감독원에 따르면 2015년 말 기준 국내 퇴직연금 적립금 가운데 원금보장형 상품이 차지하는 비중은 89%에 달한다. 가계자산 중 연금가입률과 가계 금융자산 비중이 낮아 은퇴 후 수입을 기대하기 어려운 구조다. 65세 이상 노인빈곤율은 48.6%로 프랑스(5.4%)의 10배에 달한다. 존 리 메리츠자산운용 대표가 이런 자산관리 방식으론 국민 대부분이 노후준비에 실패할 것이라는 공격적인 발언을 한 이유다.

1991년부터 2005년까지 미국 뉴욕에서 '코리아펀드(최초로 한국투자를 시작한 해외펀드)'의 펀드매니저로 일한 존 리 대표는 주식시장에 대한 애착이 누구보다 강한 인물이다. 2006년부터 라자드 한국 기업지배구조펀드를 운용했으며 2013년 12월부터 메리츠코리아자산운용의 대표를 맡고 있다. 취임 후 그는 회사가 갖고 있는 50억 원 미만의 소규모 펀드들을 정리하고 소수 펀드 운용에 집중하기로 선언했고 그렇게 탄생한 '메리츠코리아' 펀드는 2015년 높은 수익률로 국내 자산운용업계에 돌풍을 일으켰다.

존 리 대표는 적극적으로 국내 투자자들의 금융 마인드를 일깨우는 데 앞장서고 있다. 단기 매매는 '주식'이라는 좋은 재테크 수단을 '도박'으로 만들고, 이 같은 도박성 투자에 높아진 위험은 원금보장형 상품에 지나치게 의존하게 만든다는 게 그의 생각이다. 당연히 노후자금 마련의 꿈은 멀어질 수 밖에 없다는 게 그의 주장이다.

2016년 5월 〈매일경제〉가 주최한 2016서울머니쇼에서 존 리 대표는 특히 해외펀드를 활용한 투자전략 세우는 데에 주목했다. 저금리·저성장 기조가 장기화됨에 따라 국내 자산 전반의 기대수익률이 낮아지고 있어 해외자산은 포트폴리오를 짜는 데에 필수요소가 됐기 때문이다.

존 리 메리츠자산운용 대표

　그가 해외주식 분산투자를 강조하는 이유는 단순히 해외가
국내보다 유망해서가 아니다. 좋은 기업을 고를 수 있는 투자
풀을 넓히라는 의미다. 나라와 시장 간 상관관계 하락으로 한
국가와 시장 상황에 영향을 받는 체계적 위험을 감소시킨다는
장점도 있다. 존 리 대표는 "2016년 글로벌 증시 조정기를 해
외투자 기회로 활용해야 하지만 국내 투자자들은 여전히 해외
투자에 소극적"이라며 "부동산, 예금 등 자산으로의 편중 현상
은 대외 위기에 매우 취약한 구조를 만들 수 밖에 없다"고 말했
다. 2014년 말 기준 우리나라의 GDP 대비 해외주식투자 비중
은 10.1%로 미국, 일본, 호주, 프랑스 등 대부분의 OECD 국가

들에 비해 2배 이상 낮다.

　그렇다면 수많은 지역 중 어떤 곳에 투자해야 할까. 그는 여전히 중국을 매력적인 투자지역으로 꼽았다. 다만 중국 전체 GDP 성장률은 둔화되고 있기 때문에 시장 전체에 투자하기 보다는 소비재, 서비스 등 두 자릿수 산업 성장이 기대되는 개별 산업 위주로 접근해야 한다고 강조했다. 그는 "경제구조 전환 과정에서 동반된 각종 제도 및 정책 개혁을 통해 경제 전반의 효율성이 향상될 것으로 보인다"며 "도시화가 급속히 진행되고 제조업도 선진국형으로 빠르게 진화되면서 풍부한 투자기회가 제공될 것"이라고 전망했다. 실제로 중국 기업들의 연구개발비는 미국에 이어 세계 2위로, 무선네트워크 등을 활용한 스마트 기능을 접목해 선진국형 제조업으로 진화하는 중이다.

　베트남에도 주목했다. 존 리 대표는 "베트남 시장은 20~30대 청년층 비율이 매우 높고 성장잠재력이 무궁무진한 1970~1980년대 한국과 비슷한 상황"이라며 "성장 가능성이 높은 업종에서 좋은 기업을 골라 10년 이상 장기투자하면 과거 한국 주식처럼 고수익을 실현할 종목들이 많다"고 말했다.

　업종별로는 글로벌 헬스케어 산업이 유망할 것으로 내다봤다. 전 세계적인 인구 고령화 추세에 따른 만성 질환과 성인병 확대로 헬스케어 관련 지출이 꾸준히 증가할 것이란 예상이다. 특히 아시아, 아프리카 등 파머징Pharmerging 국가들의 경제 성장으로 관련 서비스 수요는 지속적으로 증가할 전망이다.

해외 펀드투자의 핵심인 환위험과 세금 문제에 대해서도 조언했다. 그는 "장기 해외 분산투자 시 환노출형이 상대적으로 높은 수익을 기대할 수 있다"며 "국내 해외펀드투자의 약 90%가 환헤지형을 선택하는데, 무작정 환헤지를 할 경우 역효과가 발생할 수 있다"고 조언했다. 금융투자자보호재단에 따르면 투자성향에 따른 4개 글로벌 투자 포트폴리오 중 3개에서 환노출형의 수익률이 더 우수했다.

또 해외펀드투자 시에는 비과세 해외펀드 제도를 적극적으로 활용해야 한다고 강조했다. 2016년 2월 부활한 비과세 해외펀드는 해외상장주식에 직간접적으로 60% 이상 투자하는 펀드에 투자할 수 있는 제도다. 최대 매력 포인트는 가입기간의 구애 없이 수익이 발생한 시점에 환매를 해도 별도의 추징금 없이 비과세된다는 점이다. 예를 들어 A씨는 개인종합자산관리계좌ISA를 통해 2,000만 원을 중국 본토 펀드에 투자해 단기간 10% 수익을 달성하더라도 환매할 경우 30만 원(펀드 보수 제외, 200만 원×15.4%) 이상의 세금을 부담해야 한다. 5년 이상 계좌를 유지해야 과세혜택을 제공하는 ISA의 제약 때문이다. 엄밀히 말하면 ISA, 장기소득공제펀드, 소장펀드 등은 보통 3년 이상인 의무가입기간이 지난 시점에 수익이 나야 펀드 과세혜택의 실효성을 볼 수 있다. 반면 비과세 해외펀드는 수익이 발

해외펀드 비과세 혜택	
가입기간	2016.2.29~2017.12.31
가입자격	대한민국 거주자
세제혜택 적용기간	가입일부터 10년까지
납입한도	1인당 3,000만 원

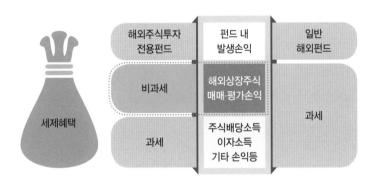

세제혜택 적용기간	저축(계좌) 가입일로부터 최대 10년
대상펀드	직간접 해외상장주식에 60% 이상 투자하는 펀드
중도인출 여부	가능(인출시까지 세제혜택 적용)

자료: 메리츠자산운용

생한 시점에 환매하면 비과세된다.

비과세 해외펀드는 2017년 말까지 전용계좌를 개설하면 1인
당 3,000만 원 한도 내에서 가입일로부터 10년간 매매차익과
환차익(배당·이자소득은 제외)에 대해 비과세 혜택을 받을 수 있고

금융소득 종합소득 종합과세도 피할 수 있다. 가입조건도 자유로워 근로·사업소득 유무나 총급여액 제한 없이 대한민국 거주자라면 누구나 가능하다. 또한 자녀 명의 통장을 개설해 증여 목적으로 활용할 수 있어 고액 자산가들에게도 안성맞춤이다.

마지막으로 존 리 대표는 다시 한 번 국내 투자자들에게 만연해 있는 단기투자 마인드를 바꿔야 한다고 강조했다. 그는 "주식투자는 거창한 돈을 필요로 하는 것이 아니라 가게에서 물건을 사듯 습관처럼 하는 것"이라며 "여유 자금으로 투자를 하되 주가의 단기 등락에 일희일비하지 않고 장기투자하는 것이 중요하다"고 전했다.

Chapter 06

스타 펀드매니저가 제시하는 투자비법

일등 기업을 발굴하라

강방천 에셋플러스자산운용 회장이 2016서울머니쇼에서 강조한 것은 주식이야말로 자산을 증식시킬 수 있는 최고의 수단이라는 점이다. 돈을 많이 벌 수 있는 방법은 결국 부자(위대한기업)와 같은 길을 걷는 것인데, 주식이야말로 자본이 일하게 하면서 돈을 많이 버는 기업과 이익을 공유할 수 있는 좋은 수단이라는 설명이다.

강 회장은 "꾸준히 이익을 창출하는 훌륭한 기업들과 함께하는 방법은 여러 가지가 있지만 그 기업의 직원이 되거나 거래처가 되는 것은 어려운 길"이라며 "그 기업에 투자를 함으로써 이익을 공유하고 성장을 함께하는 아주 쉬운 길이 있음에도 '주식투자'를 기피했던 부모세대의 교육 때문에 제대로 된 금융

강방천 에셋플러스자산운용
회장

마인드가 정착되지 못했다"고 지적했다.

　에셋플러스자산운용의 투자철학은 100년 이상 유지되는 펀드를 만드는 것이다. 소수 펀드만 정성을 다해서 운용하겠다는 의미로, 에셋플러스자산운용이 운용하는 펀드는 '코리아리치투게더', '글로벌리치투게더', '차이나리치투게더', '해피드림투게더' 등 단 4개에 불과해 철학을 실천에 옮기고 있다. 특정 시장이 유망할 때 관련 펀드를 쏟아내는 타 운용사들과 다른 행

보다. 특히 회사 대표 펀드인 '에셋플러스코리아리치투게더'
는 2012년을 전후로 시작된 대형주 불황 속에서도 3년 수익률
(2016년 5월 초 기준) 25%를 기록하며 흔들리지 않는 펀드로 명
성을 떨치고 있다. 2010년부터 5년 넘게 이어지고 있는 코스피
200 내 전통 대형주들의 부진을 고려하면 '코리아리치투게더'
의 선전은 더욱 놀랍다.

강 회장이 밝힌 투자의 핵심은 '일등 기업'이다. 그는 "자본주
의 성장과 함께하는 가장 지혜로운 방법은 새로운 산업 생태계
를 활용하는 '일등 기업'에 탑승하는 것"이라며 "호황과 불황의
반복 속에서 끝까지 살아남는 기업과 미래 환경에 능동적으로
대처하는 기업이 최종 승자가 될 것"이라고 설명했다.

분산투자의 중요성도 역설했다. 강방천 회장은 '분산'이야말
로 포트폴리오 구성의 기본 전제가 돼야 한다고 강조했다. 여
기서 분산은 종목 개수가 아닌 포트폴리오를 구성하고 있는 종
목들이 매니저의 투자철학 아래서 얼마나 공통된 속성을 가지
고 있는지를 의미한다. 강 회장은 "자산운용은 포트폴리오 종
목 수보다 종목들의 속성이 얼마나 일관돼 있는지가 중요하다"
며 "이런 속성에 변화가 없다면 투자자는 단기 수익률에 관계
없이 오랫동안 포트폴리오를 유지해야 한다"고 말했다.

특히 강 회장은 국내외를 막론하고 건강한 비즈니스 모델을
가진 기업에 투자해야 한다고 설명했다. 인기 있는 주식이나

자산 포트폴리오 구축의 체크 포인트

❶ 포트폴리오 구성의 기본 전제는?	❷ 어떤 분산이 필요한가?	❸ 속성의 견고함이 언제까지 유지될까?	❹ 포트폴리오를 언제까지 유지해야 할까?
분산	개수의 분산이 아닌 속성의 분산	각 속성에서 견고함을 오랫동안 유지할 것을 리스트화	속성의 변화가 없다면, 수익률에 관계 없이 장기간 유지

자료: 에셋플러스자산운용

펀드 말고 훌륭한 비즈니스 모델을 가진 기업, 좋은 철학을 가진 펀드 운용사를 찾는데 발품을 팔아야 한다는 설명이다. 그는 "재무제표보다는 비즈니스 모델이 중요한데, 그 모델은 우리 삶 속에서 검증된 기업을 찾는다"며 "닌텐도나 블랙베리 사례에서 보듯 좋은 기업모델에 미래의 기업환경과도 결부(2~3년 간 매출 다변화가 나타나는)되는 회사를 찾는 것이 중요하다"고 전했다.

강 회장은 세상의 패러다임 변화에 주목하고 있다. 유형자원에서 무형자원으로, 대량 생산이 아닌 대량 상상의 시대로 구

수익력(이익)을 결정하는 요인

	공급 (경쟁)	
마진	수익력 (이익)	수요 (경기)
	공급 (경쟁)	

- 수요가 증가할 것인가?
- 내부적 경쟁 구도는 어떠한가?
- 외부적 경쟁 구도는 어떠한가?
- 마진원가 경쟁력은 얼마나 유지될 것인가?

이익의 질(PER)을 결정하는 요인

	이익의 지속성	
이익의 예측 가능성	이익의 질 PER	이익의 비 변동성
	이익의 확장 가능성	

- 이익이 좀 더 지속 가능한가?
- 이익이 좀 더 확장 가능한가?
- 이익의 변동성이 좀 더 적은가?
- 이익이 좀 더 예측 가능한가?

도가 바뀌고 있다는 설명이다. 인플레이션보다는 디플레이션, 제조업보다는 서비스업, 소유보다는 활용이 중요해지는 시대에서 구시대의 익숙해진 질서와 이별하고 예측 가능한 영역에서 새로운 가치를 찾아야 한다는 게 에셋플러스자산운용의 생각이다. 그는 "기존의 기업 가운데서는 디자인과 서비스를 어떻게 가미하는가를 주시해야 한다"며 "디지털과 관련된 장비를 만드는 회사, 디지털 서비스를 제공하는 회사, 디지털 서비스 통로를 제공하는 회사가 성장할 것"이라고 말했다.

유망 투자 대상으로는 중국 소비 성장 수혜기업, 소프트웨어를 비롯한 모바일 생태계 변화를 주도하는 기업, 전치가 중심 녹색 혁명(전기 자동차, 태양력, 풍력 등 대체에너지)에서 가치를 창출하는 기업 등을 꼽았다. 고령화, 1인 가구화 등 인구구조 변화의 수혜기업과 공급과잉 시대에서 살아남는 제조기업도 투자를 고려해야 한다고 덧붙였다.

강 회장은 "가능한 국내 기업 투자를 통해 투자자들의 자산을 불려주고 싶지만 최근 한국 기업가 정신이 약해진 것 같다"며 "한국에서 위와 같은 분야에서 가치 상승을 주도할 역동적 기업이 나오려면 규제혁신이 필요하다"고 말했다.

중국 시장에 대해선 존 리 대표와 다른 견해를 제시했다. 성장률이 오른다고 주가가 반드시 오르는 것은 아니라는 설명이다. 그는 "중국 전체 성장률은 분명 성장을 지속하고 있지만 회사 입장에선 주주이익뿐만 아니라 인건비, 임대료, 채권이자도 줘야 한다"며 "중국은 앞으로 몇 년 동안 노동비용 상승 국면을 맞이할 것으로 예상돼 기업이익 자체가 큰 폭으로 오르긴 어려울 것"이라고 말했다.

다만 중국은 글로벌 자본시장의 문제점을 만들어 내는 동시에 해결책도 가진 나라라고 평가했다. 한 눈으로 보면 위험하지만 두 눈으로 보면 투자의 기회가 충분히 있다는 뜻이다. 특히 중국이 1단계 성장의 중심축이었던 '투자를 통한 성장'이 한계에 부딪히며 심각한 구조조정이 진행되는 과정을 거치며 선두기업(일등 기업)의 과점적 이익이 증가하는 것에 주목해야 한다고 강조했다.

강 회장은 "중국의 2단계 성장 핵심 축은 가계 부분의 보시와 모바일 생태계를 활용하는 신성장 산업에서 중국 혁신 기업들이 등장하고 있다"며 "중국 경제의 새로운 성장모델 전환은 한국 산업에 위기이자 기회라고 판단된다"고 말했다. 중국과 경쟁하는 산업보다는 중국 소비자와 함께하는 기업에 관심을 집중해야 한다는 의미다.

에셋플러스가 주목하는 또 다른 부분은 변화하고 있는 주주가치 제고 문화다. 장기화 되고 있는 저금리 기조 속에서 일드 갭Yiled gap(주식과 채권의 기대 수익률 차이)과 주주환원율 개선에 앞장서는 기업들을 눈여겨본다는 것. 주주환원정책에 따른 배당

자산운용사 CIO가 추천한 운용사별 추천펀드 득표수		
순위	운용사	득표수
1	신영자산운용	10
2	에셋플러스자산운용	9
3	한국투자밸류자산운용	8
4	한국투자신탁운용	7
	삼성자산운용	7
6	메리츠자산운용	5
	이스트스프링자산운용	5
	KB자산운용	5

자료: 28개 자산운용사 CIO가 추천한 75개 추천펀드 운용사 분석, 에셋플러스자산운용

및 자사주 매입 확대로 높아진 실효시가배당수익률은 장기투자 수요를 증대시킬 전망이다.

마지막으로 강 회장은 절대 주가지수를 보고 투자하지 말라고 조언했다. 돈을 잘 벌고, 앞으로도 그럴 가능성이 높은 기업을 찾는다면 코스피3000, 경기 장기침체 등 전체 시장에 대한 쓸데없는 예측은 무의미하다는 뜻이다.

강방천 에셋플러스자산운용 회장은 1997년 외환위기 때 역발상 주식투자로 큰 수익을 남기며 자본시장에 이름을 알렸다. 당시 그가 투자한 증권주들은 1년도 채 안돼 10배 이상의 수익

을 안겨준 걸로 유명하다. 강 회장은 1999년 에셋플러스투자자문을 설립해 현재 에셋플러스자산운용을 이끌고 있다. 확고한 투자철학과 원칙을 지키는 펀드매니저 생활로 한국을 대표하는 가치투자가로 알려져 있다.

Chapter 07

해외주식투자로 성공하기

선진국 VS 신흥국 어디에 투자할까

"투자 대상을 경상도에 있는 기업으로 국한하기 보단 대한민국 전체로 잡는 게 효율적인 포트폴리오를 짜는 데 좋습니다. 이것이 반드시 해외투자를 해야 되는 이유입니다."

안홍익 트러스톤자산운용 본부장은 2016서울머니쇼에서 국내 투자자들이 좀 더 해외시장에 관심을 가져야 한다고 주문했다. 이론적으로도 보다 많은 수의 주식이 주어질 때 자산배분의 폭도 넓어진다는 이유에서다.

특히 국내 자산에만 묶여있는 것은 상당히 위험한 투자전략이라고 평가했다. 원화가 전 세계 통화와 비교해도 상당히 변동성이 큰 화폐라는 것이다. 안홍익 본부장은 "최근 20년간 원화가치는 주요 통화 대비 하락했는데, 우리 정부는 여전히 수

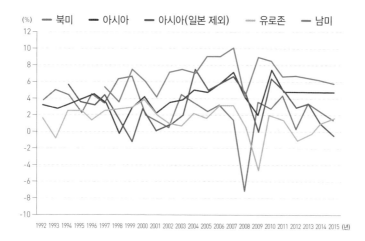

대륙별 GDP 성장률

(%) ━ 북미 ━ 아시아 ━ 아시아(일본 제외) ━ 유로존 ━ 남미

1992 1993 1994 1995 1996 1997 1998 1999 2000 2001 2002 2003 2004 2005 2006 2007 2008 2009 2010 2011 2012 2013 2014 2015 (년)

자료: 세계은행, 트러스톤자산운용

출 경쟁력을 위해 원화 절하를 지켜보고 있다"며 "주식투자에 있어 분산투자가 불문율인 것처럼 통화도 여러 나라로 분산해야 한다"고 말했다.

트러스톤자산운용은 2016년 주목해야 할 해외지역으로 아시아를 꼽았다. 지난 20년간 꾸준히 높은 경제성장률을 시현한 데다 중국·인도·동남아시아의 인구구조 및 현 경제 개발단계를 고려할 때 타 지역 대비 고성장세가 지속될 것으로 전망되기 때문이다. 실제로 트러스톤자산운용과 세계은행 자료에 따르

안홍익 트러스톤자산운용
본부장

면 아시아 지역은 지난 1998년부터 20년 가까이 평균 5% 이상
의 경제성장률을 유지해 왔다. 2008년 금융위기 때 북미, 유로
존 등이 마이너스 성장률을 기록했을 때도 4%대를 기록했다.

　안홍익 본부장은 "2015~2020년 이후 중국, 인도, 인도네시
아는 인구 증가세를 바탕으로 두드러진 성장세를 보일 것"이라
며 "아시아 인구는 2000년 37억 2,000만 명에서 2050년 약 51
억 4,000명으로 38% 증가할 것"이라고 추정했다.

　다른 지역에 대해선 구조적인 문제가 산재해 있어 성장이 쉽
지 않을 것으로 내다봤다. 특히 유럽의 EURO 경제체제는 비정

상적이라고 지적했다. 돈을 찍는 사람과 쓰는 사람이 따로 있다는 것. 그는 "유로존은 재정정책은 그대로 둔 채 통화정책만 통합한 상태로, 그리스, 이탈리아, 스페인 등의 문제가 전혀 해결되지 못한 채 지속적으로 확산될 것"이라며 "미국 경제는 혁신에 기반한 건전한 성장을 보이고 있지만 금리 인상 시기에 돌입한 상태"라고 분석했다.

반면 아시아 주식시장은 선진국의 안정성과 신흥국의 역동성이 가장 잘 어우러졌다고 평가했다. 일본, 싱가포르 등 선진 자본시장은 높은 회계 투명성과 개선된 기업지배구조를 보유했고 중국·아세안, 인도 등은 투명성이 부족하지만 고성장성을 보유했다는 진단이다. 특정 산업에 치우치지 않고 소비재, 산업재, 금융, 헬스케어 등 고른 산업 분포를 지녔다는 점도 매력 포인트로 꼽았다.

구체적인 지역별 투자전략에 대해서도 조언했다. 먼저 중국은 장기적으로 가장 매력적인 시장이지만 이에 따른 단기 위험도 높은 시장이라고 평했다. 그는 "선전 증시는 여전히 고평가 영역이지만 상하이 증시의 경우 정상 밸류에이션 영역에 들어섰고 홍콩 증시(H주)는 저평가 영업까지 하락한 상태"라며 "2015년 주식시장으로 몰렸던 유동자금들이 시장 과열로 공급이 증가하면서 다시 부동산 쪽으로 이동하고 있다"고 말했다.

특히 현재의 중국 시장은 1980~1990년대 한국 시장처럼 불안한 상태라는 게 그의 생각이다. 안홍익 본부장은 "중국 본토 시장은 아직 개인투자자들의 묻지마 투자에 의해 좌우되고 있다"며 "중국 본토 기관들도 밸류에이션이나 기업의 펀더멘탈 (재무제표, 성장성) 분석보다는 시장 루머와 유동성을 쫓는 초단기 매매 성향을 보이고 있다"고 말했다.

그렇다면 중국 투자는 하지 말아야 될까. 철저하게 산업별로 접근하라는 것이 안홍익 본부장의 투자전략이다. 그는 "중국의 구조적 성장은 건설, 광산, 철강과 같은 설비투자 산업에서 교육, 여행, 미디어, 의료, 모바일, 유통혁명으로 넘어오고 있다"며 "특히 여행과 항공 분야는 중국의 중산층 증가와 해외여행 수요 촉발로 급격한 성장 구간에 진입했다"고 말했다. 교육 시장과 모바일 시장도 크게 확대될 것으로 내다봤다. 교육산업은 교육비용이 증가하고 브랜드화가 진행되는 등 교육 열기가 한국의 1990년대 보다 뜨거우며, 모바일에서는 텐센트, 바이두 등이 이미 미국과 경쟁하고 있으며 온라인 유통은 이미 헤게모니를 쥐고 있다는 게 그의 생각이다.

일본에 대해서도 기업별 투자전략이 적합하다고 조언했다. 특히 세계 최고 경쟁력을 갖춘 첨단 소재 산업은 경쟁국에서 몇 년 안에 따라잡기 힘들다는 분석이다. 그는 "탄소섬유는 항공기를 넘어 자동차 구조물로 확산 단계에 있으며 로봇, 자동화 등 정밀 기계 제작 및 제어기술은 압도적"이라며 "글로벌 로봇 산업은 일본이 40~50% 시장을 차지하고 있으며 앞으로 20년 동안은 연평균 11% 이상의 견고한 성장세를 예상한다"고 전했다.

동남아시아 지역에선 인도네시아를 기대주로 꼽았다. 특히 정치적 불안 이슈가 해소되면서 정체됐던 인프라 시장 발전에 따른 성장률이 크게 증가할 것이란 예상이다. 그는 "2억 6,000만 인구를 보유한 대국임에도 불구하고 아직 미개발된 지역이 너무 많다"며 "조코위 대통령의 높은 대중적 인기를 바탕으로 2019년까지 안정적으로 경제성장 정책 추진이 가능할 것"이라고 설명했다. 트러스톤자산운용에 따르면 인도네시아는 인종적·문화적으로 매우 다양한 데다 수십 년간 이어진 독재정권으로 인해 인프라 시장이 확대되지 못했지만 최근 세수 확대 및 인프라 투자가 강력하게 추진되고 있다. 그는 "인도네시아 주식시장은 비과열 상태로, 개인투자자들의 참여가 높지 않아 거래량이 낮아 매력적"이라고 덧붙였다.

반면 태국과 말레이시아는 투자 매력이 높지 않다고 평가했다. 태국은 이미 노령화가 시작돼 제조업 경쟁력을 기대하기 어렵고 쿠데타 발생 이후 해외 자본들이 빠져나가면서 바트화도 하락 추세에 있다. 특히 현재 권력을 잡고 있는 군부에서 추진 중인 개헌 조항들이 민주화 흐름에 역행하는 항목들이 많다는 점도 악재로 작용하고 있다고 분석했다.

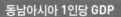

동남아시아 1인당 GDP

미얀마
태국
캄보디아
베트남
말레이시아
싱가포르
인도네시아
필리핀
브루나이

국가별 1인당 GDP

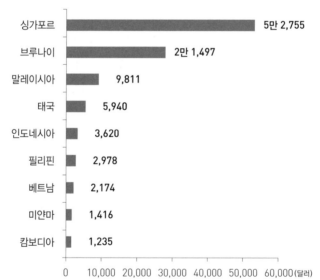

국가	GDP
싱가포르	5만 2,755
브루나이	2만 1,497
말레이시아	9,811
태국	5,940
인도네시아	3,620
필리핀	2,978
베트남	2,174
미얀마	1,416
캄보디아	1,235

0 10,000 20,000 30,000 40,000 50,000 60,000 (달러)

자료: IMF

인도에 대해선 '양날의 검'에 비유했다. 공용 언어만 27개에 주 정부 권한이 막강해 경제 정책 및 상황이 주별로 상이하고 내부자 정보에 의한 거래가 횡행하고 있어 외국인들이 투자하기에 바람직한 시장은 아니라는 분석이다. 특히 2013년부터 시작된 외환위기로 외국인 투자금이 빠져나가면서 통화 시장도 불안하다는 평가다.

안홍익 본부장은 "아세안 지역은 각 국가별 인구구조와 경제 성장 단계가 다르고 정치적인 상황에 대한 이해가 바탕이 돼야 하므로 하나의 시장으로 묶으면 안 된다"며 "개인이 개별 국가 상황을 일일이 파악해 직접 포트폴리오를 구성하기 보다는 아시아 지역에 투자하는 펀드에 가입하는 것이 효율적"이라고 말했다.

PART
03

재테크 베스트셀러 작가들의
특별한 머니 코칭

Chapter 01

착한 부자들의 비법과 가족재테크, 은퇴통장 설계법

착한 부자란?

《돈 걱정 없는 노후 30년》과 《운명을 바꾸는 10년 통장》 등의 저자로 유명한 고득성 SC제일은행 PB사업본부장은 2016 서울머니쇼에서 제대로 된 노후준비법을 설파했다. '착한 부자들의 비법과 가족재테크, 은퇴통장 설계법'을 주제로 강연을 한 고득성 본부장은 국민연금, 주택연금을 적극 활용하라고 팁을 주면서도, "저성장 시기는 단순히 돈을 관리하는 방법만이 아니라 돈을 대하는 철학과 생각을 모조리 바꿔야 한다"고 강조했다. 그는 돈에 대한 조바심과 걱정을 멈추고 한 번쯤 인생의 진짜 필요에 집중해보라고 당부했다.

고 본부장은 시대가 완전히 변했다고 단언했다. 720만 명의 베이비 부머가 은퇴시기에 들어가면서 모든 세대가 돈 걱정에

사로잡히게 됐다.

그가 정의하는 '착한 부자'란 시대를 잘 분별하고 시대 흐름에 맞춰 돈을 관리할 줄 아는 사람이다. 시대가 변했으니 재테크도 변해야 한다는 게 그의 주장이다.

그는 재테크 관련 베스트셀러 작가답게 정년을 맞은 40대 후반에서 60대 초반까지 남성들로부터 편지를 많이 받는다고 했다. 하나같이 '돈 걱정 증후군'에 사로잡힌 내용이다.

중년 남성들은 은퇴 후 1년 동안 다양한 감정 기복을 겪게 된다. 처음엔 막연한 희망을 갖고 첫 3개월을 지낸다. 반년이 지나면서 취업이 생각대로 안 되고, 현실의 높은 벽을 체험하며 의기소침해진다. 1년 가까이 되면서 연락이 뜸해지고, 점점 불안감은 극에 달한다. 1년이 넘으면 사소한 일에도 화를 잘 내고, 사회와 현실에 대한 분노가 높아진다는 것이 그의 진단이다.

이러한 '돈 걱정'에 대한 그의 처방전은 '돈 걱정 없는 시스템'을 만들어보라는 것이다.

그는 베이비부머 50대의 사망원인의 첫 번째가 암이고 두 번째가 자살인 상황에서 노후 파산을 막는 것이 가장 중요하다고 강조했다. 무엇보다 은퇴 이후 실수를 하지 않도록 조심해야 한다면서 '피해야 할 은퇴실수 3가지'를 제시했다. 투자실패, 기본에 실패, 자녀 경제자립교육 실패였다.

피해야 할 은퇴실수, 첫째 투자실패

그는 "최근 들어 초저금리 시대에 월 2~3% 수익으로 접근하는 유사수신업체가 너무나 많다"고 했다. 2008년 금융위기부터 시대가 변해 2010년에 하우스푸어가 등장했다. 이때부터 집값이 떨어질 수 있다는 생각을 본격적으로 하게 된 것이다. 그는 "특히 은퇴 이후에 투자할 때 신중에 신중을 가해야 한다"고 당부했다.

그는 "웬만하면 노후자금으로 주식투자를 하지 말라"고 권했다. 2000년대 초반까지만 하더라도 중년에게 우량주 투자를 권했으나 요즘은 다르다는 것이다.

예를 들어 5년 전과 현재를 비교해보면 시가총액 10위 안에 여전히 남아있는 종목은 삼성전자, 한국전력 등 5개뿐이다. 앞으로 5년 후는 어떻게 될지 아무도 모른다. 그는 "예전과 같이 우량주를 사서 기다리던 때는 갔다"며 "요즘은 주식을 사면 자신의 포트폴리오를 늘 관찰, 감시하는 것이 절대적으로 필요하다"고 말했다. 따라서 그는 주식에 대해 잘 모른다면 아예 주식투자를 하지 말라고 주장했다.

그는 "이렇게 시대가 바뀐 이유는 더 이상 세계 경제를 주도하는 자가 없어졌기 때문"이라고 말했다. 미국 중심의 단극 체제가 다극화되면서 세계무역도 보호주의로 흐르고 있다는 얘기다. 글로벌 저성장 시대에 기대수익률에 대한 눈높이 자체를 과거에 비해 낮춰야 한다고 그는 강조했다. 욕심을 버리고 안전하게 수익률을 올리는 것이 바로 돈에서 자유로워지는 방법인 셈이다.

피해야 할 은퇴실수, 둘째 기본에 실패

국민연금

그는 "현재 할 수 있는 것부터 준비하는 자세가 필요하다"며 "국민연금을 잘 활용해야 한다"고 말했다. 국민연금은 물가가 오르더라도 실질가치가 항상 보장되는 게 가장 큰 장점이다.

그는 "국민연금을 제대로 활용하기 위해서는 우선 가입기간을 최대한 늘리는 것이 연금액을 높이는 데 가장 중요하다"며 "연기연금, 반납, 임의계속가입, 추후납부제도 등을 활용할 수 있다"고 강조했다. 이중에서 그는 반납제도, 임의계속가입제도를 추천했다.

(1) 국민연금의 반납제도

반납제도는 과거 반환일시금을 받은 이력이 있는 가입자가 반납금을 납부해 가입기간을 복원하는 제도다. 과거 가입시점의 소득대체율을 그대로 복원하므로 연금수령액이 늘어나게 된다. 소득대체율이란 국민연금 가입기간을 40년이라고 전제했을 때 본인의 평균소득월액 대비 수령하게 되는 연금액의 비율을 가리킨다.

그는 "1988년부터 2007년 사이 가입기간의 일시금을 반납하면, 가입기간과 소득대체율을 키워 연금액을 올릴 수 있다"고 말했다.

1988년부터 1998년까지의 소득대체율은 70%, 1999년부터 2007년까지는 60%, 2008년부터 2027년까지는 50%로 매년 0.5%씩 감소한다. 국민연금 기금 안정화를 위해 매년 0.5%씩 낮아져 2028년 이후에는 40%가 된다. 따라서 소득대체율이 높은 과거 가입기간을 복원시키면 그만큼 연금수령액을 늘릴 수 있다.

(2) 국민연금의 임의가입제도

60세 이상은 의무가입대상은 아니지만 본인이 원하면 65세까지 계속 납부할 수 있다. 주부나 학생처럼 의무 대상이 아닌

국민연금 임의가입 시 납부기간 및 보험료에 따른 연금수령액			
가입기간 보험료	10년 동안 납입 시 월 수령액	20년 동안 납입 시 월 수령액	30년 동안 납입 시 월 수령액
8만 9,100원	16만 4,800원	31만 2,670원	45만 6,760원
15만 8,400원	20만 8,830원	39만 6,210원	57만 8,800원
20만 7,000원	23만 9,710원	45만 4,800원	66만 4,390원
25만 2,000원	26만 8,310원	50만 9,050원	74만 3,640원
33만 7,500원	32만 2,630원	61만 2,130원	89만 4,220원

* 월 수령액은 현재가치 기준이며, 연금을 받을 시점에는 기간 중 물가 상승률이 반영돼 이보다 훨씬 많아짐
** 각 연금은 2012년 1월에 가입한 것으로 가정

자료: 국민연금공단

사람도 연금에 가입할 수 있다. 이를 '임의가입제도'라고 하는데 연금액을 높일 수 있는 방법 중 하나다.

고득성 본부장은 "국민연금을 잘 활용하기 위해서는 가입기간을 최소 10년 이상 채워야 하고, 기본연금액의 100%를 수령하려면 20년 이상 국민연금에 가입해야 한다"고 말했다. 임의가입제도를 통해 소득이 없는 주부나 27세 미만 학생들이 국민연금에 가입하면 가입기간을 늘릴 수 있다고 설명했다. 그는 "최저금액 8만 9,100원을 20년 동안 납입하면 매월 31만 2,670만원을 연금으로 받을 수 있다"고 말했다.

주택연금

고득성 본부장은 "주택연금에 9년간 2만 9,000여 명이 가입할 정도 가입자가 꾸준히 증가하고 있다"며 노후준비를 위해 주택연금을 추천했다. 그는 "매달 받는 연금액은 가입 당시의 집값과 연령에 따라 결정된다"고 알기 쉽게 설명했다. 예를 들어 동일한 금액을 평생 지급받는 정액형을 기준으로 집값이 2억 원이라고 했을 때 60세인 경우는 45만 원, 70세는 65만 원, 80세는 98만 원을 받게 된다는 설명이다. 그는 주택연금에서 주택담보대출 상환용이나 우대형 주택연금을 추천했다.

(1) 주택담보대출 상환용 주택연금

2016년 2월말 기준 60세 이상 주택담보대출 잔액 55조 원(62만 6,000건)의 건당 평균 대출잔액은 6,900만 원에 이른다. 60세 이상 가구의 17.6%가 여전히 주택담보대출을 갚고 있는 셈이다. 이를 위해 주담대 상환용 주택연금이 나왔다.

예를 들어 3억 원 아파트를 담보로 연 3.04%에 7,500만 원(10년 만기 일시 상환)을 빌린 A씨(60세)의 경우, 주택연금 미가입시 70세까지 매월 19만 원씩 갚지만, 주택연금 전환시 60세부터 사망시까지 매월 26만 원씩 수령하게 된다.

주택연금 활용법			
나이	2억 원	3억 원	5억 원
60세	45만 원	68만 원	114만 원
70세	65만 원	97만 원	162만 원
80세	98만 원	147만 원	245만 원

국민연금 소득대체율				
구분	1988~1998년	1999~2007년	2008~2027년	2028년
소득대체율	70%	60%	50% (매년 0.5%씩 감소)	40%

(2) 우대형 주택연금

우대형 주택연금은 1억 5,000만 원 이하 1주택 보유계층에게
더 많은 연금을 지급한다. 1억 원 주택기준 80세인 경우 월 지
급금 48만 9,000원이 우대형 주택연금 덕분에 55만 4,000원으
로 늘어났다.

피해야 할 은퇴실수, 셋째 자녀 경제자립교육에 실패

고득성 본부장은 "노후준비를 하는 데에 있어 무리한 자녀지
원을 반드시 경계해야 한다"고 강조했다.

'그래도 믿을 것은 공부', '한 번뿐인 자식결혼'이라고 생각하

우대형 주택연금			
1억 5,000만 원 이하 저가주택 보유계층에게 더 많은 연금 지급			
구분 (1억 원 주택기준)	현행	개선	
	월지급금	월지급금	증가율
60세	22만 7,000원	24만 5,000원	8.1%
70세	32만 4,000원	33만 5,000원	9.6%
80세	48만 9,000원	55만 4,000원	13.2%

*가입대상: 주택가격 1억 5,000만 원 이하로서 부부 기준 1주택 소유자

며 자녀에게 아낌없는 지원을 제공하는 게 능사가 아니라는 의미다. 그는 "자신의 노후대비를 희생하면서 자녀에게 투자하는 것은 결론적으로 자녀를 위하는 길이 아닐 수 있다"고 말했다.

그는 "부모가 노후자금으로 경제적으로 자립하는 모습을 자녀에게 보여주는 것이 가장 좋은 자녀 지원이다"라고 말했다.

그는 "신입사원인 자녀와 함께 결혼하기 전에 얼마의 자금을 저축할지에 대해 진솔한 대화를 나누라"고 말했다. 이어 "만약 자녀가 호텔에서 결혼하느라 3,000만 원 정도의 자금을 부모가 보탰다면, 부모의 노후자금 약 1억 5,000만 원 정도가 날아간 셈"이라며 자녀의 결혼비용을 줄일 것을 권했다.

Chapter 02

사회초년생과 신혼부부 재테크 '일찍 시작할수록 좋다'

조금 특별한 사회초년생 재테크

성동규 KB국민은행 부지점장은 은행 영업점에서 오랜 기간 VIP매니저로 많은 부자들을 상담했으며 인재개발원 교수와 세일즈매니저로 상품판매 직원들의 교육을 담당하는 등 영업현장과 교육현장을 두루 경험했다. 2015년에 《사회초년생을 위한 재테크 첫걸음》을 출간하여 사회초년생들이 스마트하게 자산관리를 할 수 있도록 길잡이 역할을 했다. 성동규 부지점장은 2016서울머니쇼 강연 서두에서 사회초년생들은 보유한 자산도 별로 없고 금융지식이나 투자경험도 부족한 상태이기 때문에 투자수익을 높이는 일반적인 재테크와는 다른 방식으로 접근해야 한다고 말했다. 사회초년생 때는 재테크를 어떻게 시작하고 준비할 것인가를 고민하고 실천하는 게 중요하다고 강

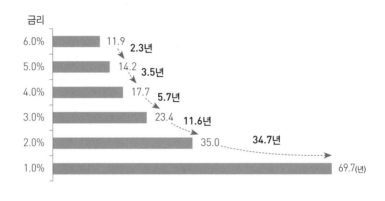

금리에 따라 원금이 2배가 되는 데 걸리는 시간

금리

- 6.0% 11.9 **2.3년**
- 5.0% 14.2 **3.5년**
- 4.0% 17.7 **5.7년**
- 3.0% 23.4 **11.6년**
- 2.0% 35.0 **34.7년**
- 1.0% 69.7(년)

자료: 미래에셋 은퇴연구소

조했다.

2015년 3월 금융통화위원회에서 역사상 처음으로 기준금리를 1%대로 낮추면서 한국 경제가 한 번도 가보지 않은 새로운 변화의 길에 들어섰다. 그는 "앞으로 우리가 살아가야 하는 금융환경은 크게 저금리와 고령화로 요약된다"고 말했다.

그는 "과거 부모세대들은 돈을 벌어서 은행에 맡기기만 해도 높은 금리로 쉽게 자산을 늘릴 수 있는 '근면성실, 근검절약'의 시대"였지만, "지금 1%대의 저금리 시대에서는 자산이 2배가 되기 위해서 걸리는 시간은 무려 70년"이라고 했다. 금리가 낮아지면서 자산증대의 속도는 엄청나게 늦어지고, 자산의 운용

성동규 KB국민은행 부천서
지점 부지점장

은 점점 어려워지고 있다는 얘기다.

몇 년 전만 하더라도 정기예금 기준으로 5억 원 수준이면 어느 정도 노후준비가 가능했지만, 요즘에는 15~20억 원 정도가 필요하다.

이와 함께 성동규 부지점장은 "우리나라는 세계에서 유례를 찾아볼 수 없을 정도로 빠르게 고령화가 진행되어 가고 있다"고 강조했다.

성동규 부지점장은 "결국 해결책은 자산을 증대시키거나 투자수익률을 높이는 수밖에 없다"며 "이제는 바뀐 세상에 맞춰

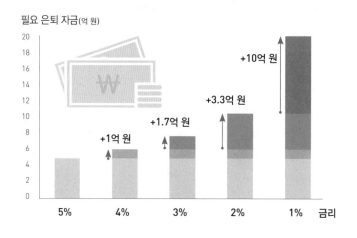

금리 1% 하락 시 추가로 필요한 은퇴자금

필요 은퇴 자금(억 원)

+1억 원

+1.7억 원

+3.3억 원

+10억 원

| 5% | 4% | 3% | 2% | 1% | 금리 |

* 연 2,000만 원의 이자 소득 창출을 위해 필요한 은퇴자금 규모임

자료: 미래에셋 은퇴연구소

저축에서 투자로의 적극적인 마인드 변화가 재테크의 시작이
다" 라고 말했다.

본격적인 사회초년생 재테크는 재무설계로부터 시작

재무설계는 온 가족이 장기 해외여행을 준비해 다녀오듯이
개인의 자산과 부채, 소득과 지출을 효율적으로 관리함으로써
개인의 생애에 걸쳐 일어날 수 있는 각종 재무목표들을 미리
설계하고 준비하여 실행하는 자신만이 인생 설계도를 말한다.

사회초년생이 재테크로 홀로서는 방법
1. 본격적인 사회초년생의 재테크는 재무설계로부터 시작된다 2. 투자의 시작은 투자성향 파악으로부터 시작된다 3. 미래의 준비는 종잣돈으로부터 시작해야 한다

성동규 부지점장은 재무설계가 부자들을 위한 것이 아님을 강조했다. 오히려 부족한 돈을 가지고 살아가는 사람들에게 더욱 절실하고 필요한 것으로 미리 계획하고 준비해야 하는 사회초년생들이 해야 할 1순위 활동이라고 말했다. 신혼부부는 반드시 함께 계획하고 실행해야 하며, 어떻게 계획하고 준비해야 할지 알 수 없다면 최소 2~3개 금융회사를 방문해 재무설계 상담을 받아보기를 권유했다. 그리고 최소한 1년에 한 번 정도는 반드시 점검을 받아야 한다. 현재 올바른 방향으로 제대로 가고 있는지 확인하는 작업이다.

결국 재무설계란 본인이 벌어들일 수 있는 총수입과 살면서 필요한 비용 사이에서 부족한 자금을 정확하게 인식하고 사전에 이에 대해 준비하는 것이다.

투자의 시작은 투자성향 파악으로부터 시작된다

투자성향이란 금융상품을 투자할 때 리스크(위험)를 얼마나 견딜 수 있는가, 하는 정도를 의미한다. 성동규 부지점장은 "투

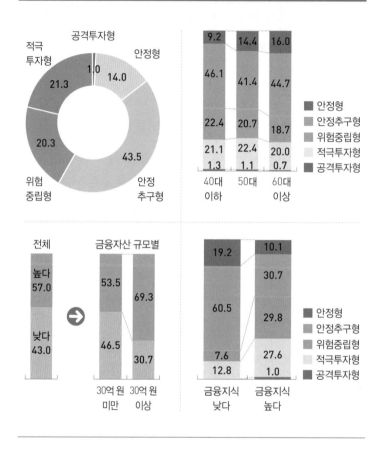

한국 부자의 투자성향 (단위: %)

적극투자형 21.3
공격투자형 1.0
안정형 14.0
안정추구형 43.5
위험중립형 20.3

	40대 이하	50대	60대 이상
안정형	9.2	14.4	16.0
안정추구형	46.1	41.4	44.7
위험중립형	22.4	20.7	18.7
적극투자형	21.1	22.4	20.0
공격투자형	1.3	1.1	0.7

전체
높다 57.0
낮다 43.0

금융자산 규모별

	30억 원 미만	30억 원 이상
높다	53.5	69.3
낮다	46.5	30.7

	금융지식 낮다	금융지식 높다
안정형	19.2	10.1
안정추구형		30.7
위험중립형	60.5	29.8
적극투자형	7.6	27.6
공격투자형	12.8	1.0

자료: 2015년 한국 부자 보고서, KB금융지주 경영연구소

자성향을 결정할 때 투자자의 연령도 중요하지만 우리 사회에
서는 투자 경험, 상품에 대한 지식, 재산이나 소득수준이 더 큰

영향을 미친다"고 말했다. 금융지식이 높고 자산 규모가 크고 투자 경험이 많은 투자자일수록 더 적극적인 투자성향을 보이기 때문이다.

그는 "우리나라 사람들은 투자의 쏠림현상이 너무 심한 편"이라고 진단했다. 남의 이야기나 분위기에 따른 투자가 많다는 것이다. 금융위기 직전 수조 원을 블랙홀처럼 빨아들였던 펀드 사례나 2015년 저금리시대 도래에 따라 정기예금 만기자금으로 연령을 불문하고 가입했던 ELS 사례 등이 대표적이다.

그는 "이제 시장에서 대박은 없다"며 "투자상품에 대한 기대수익률이 높을수록 손실위험성은 높고, 기대수익률이 낮을수록 위험성은 줄어드는 게 당연하다"고 말했다. 이제는 중간 정도의 안정적인 위험과 중간 수익을 기대하는 '중위험 중수익' 상품의 시대다.

성동규 부지점장은 "사회초년생들은 이제 막 시작하는 투자자인 만큼 먼저 본인의 투자성향을 파악하여 수비 위주의 편안하고 안정적인 투자가 이루어져야 하며, 점차적으로 금융지식을 쌓고 자산을 증대시켜 적극적인 투자로 나아가야 한다"고 강조했다.

미래의 준비는 종잣돈으로부터 시작해야 한다

그는 "종잣돈은 미래에 발생할 수 있는 각종 재무목표들을 달성하기 위해 자발적으로 모은 최초의 목돈으로 스스로 계획하고 모으는 경험이 반드시 필요하다"고 말했다.

종잣돈의 규모는 개인마다 다르다. 하지만 현재 본인이 생각한 금액보다는 크게 목표를 잡고 단기간에 달성해야 한다.

성동규 부지점장은 "1,000만 원, 5,000만 원, 1억 원 등 묶음 단위의 목표를 정하고 시작하는 것이 좋다"고 제안했다. 이어 종잣돈의 규모에 따라 투자상품이나 투자전략이 달라지므로 가능한 목표금액을 크게 하는 것이 좋다고 했다.

성동규 부지점장은 종잣돈을 말할 때 특히 두 가지를 강조했다. 하나는 담배, 커피, 자동차, 쇼핑 등 작은 것부터 줄이는 습관이 큰 결과를 가져온다는 것이고, 또 하나는 절약을 이기는 투자전략은 없다는 것이다.

매달 적금을 쌓아가면서 10%의 수익률을 올리는 것보다 10%를 절약하는 게 훨씬 쉽다는 게 그의 설명이다. 절약을 통해 얻은 여유자금은 리스크가 전혀 없으며, 외부적인 금융환경과 상관없이 본인이 통제할 수 있다는 장점이 있어 결국 투자 수익률이 가장 높은 재테크 0순위라고 말했다.

그는 "종잣돈을 효과적으로 모으기 위해서는 얼마의 금액을 언제까지 어떻게 모을 것인지에 대한 구체적인 계획을 세우고, 3~5년 이내에 끝내는 것이 효율적"이라고 강조했다. 이때 안전한 상품으로 시작하여 목표기간 내에 목표금액 달성이 중요하다. 일단 성공을 통해 성취감과 절약습관을 익히며 쌓인 자금을 자산굴리기 단계로 진입시켜야 하기 때문이다.

성동규 부지점장은 사회초년생들이 구체적으로 실천해야 할 방안으로 세 가지를 제시했다.

하나, 스마트한 재테크 습관을 키워라

그는 "가계부를 굳이 꼼꼼하게 쓸 필요는 없지만, 1년 정도는 꼭 써보면서 자신이 수입과 지출을 컨트롤하는 역량을 길러보라"고 조언했다. 가계부를 쓰는 것보다 더 중요한 것은 월 1회 정도 소비, 지출을 파악하고 분석하여 지출을 통제하는 것임을 강조했다.

성동규 부지점장은 재테크의 기본처럼 얘기되는 '통장쪼개기'나 '예금 풍차돌리기'에 대해 강조하지 않았다. 사회초년생들에게는 오히려 단순화를 통해 돈을 효율적으로 관리하는 게 더욱 중요하다고 말했다.

복리효과를 누리기 위한 예적금 풍차돌리기 또한 요즘 같은 초저금리 시대에는 그렇게 큰 효과와 의미를 찾을 수 없다는 뜻이다. 대신 자동이체 시스템을 통해 월급 들어오는 날 곧바로 저축을 하고 남은 돈으로 소비를 하는 '선저축 후소비'의 강제저축 시스템을 활용하라고 말했다.

성동규 부지점장은 신혼부부들이 법적으로 부부인 것도 중요하지만 통장을 한주머니로 통합하여 관리하고 운용하는 '경제적 결혼'을 강조했다. 2016년 4월 국민연금연구원의 조사결과에 의하면 맞벌이 부부들의 저축비중이 외벌이 부부들과 비슷하다는 통계가 나왔다. 그 이유는 결국 자녀 양육비용, 외식비, 품위유지비 등에 많은 비용을 사용했기 때문이다. 이에 그는 "맞벌이 기간에 종잣돈을 포함하여 최대한 모아야 향후 자산증대에 유리한 고지를 차지할 수 있다"고 말했다.

둘, 초저금리 시대에는 절세상품이 답이다

성동규 부지점장은 절세상품 1순위로 주택청약과 연금저축을 제안했다. 그는 "주택청약종합저축은 신혼부부 등의 보금자리주택 청약자격을 위해 필수적이며, 급여 7,000만 원 이하인 무주택세대주의 경우 최대 96만 원까지 소득공제 혜택이 있다"고 설명했다.

연금저축은 근로자나 자영업자 누구나 절세혜택을 볼 수 있는 최고 인기상품이다. 연간 400만 원 불입금액까지 세액공제 혜택을 준다. 그는 "연간 400만 원을 불입했다면 최대 66만 원의 세액공제 혜택을 볼 수 있으며, 이는 연 20% 이상의 적금에 가입한 것과도 같다"고 설명했다.

그러나 중도해지 시 세액공제 받은 금액을 전액 반환해야 하며, 기타소득세 16.5%로 원금손실도 발생할 수 있다. 또한 55

대표적인 세테크 상품 및 절세효과		
금융상품	절세효과	비고
주택청약 종합저축	연 240만 원 한도 납입금액의 40% 소득공제	전년 급여 7,000만 원 이하 무주택세대주
연금저축계좌	연 400만 원 까지 납입금액의 13.2% 세액공제(최대 52만 8,000원)	연소득 5,500만 원 이하인 경우 16.5% 세액공제 (최대환급액 155만 5,000원)
퇴직연금 (개인형 IRP)	연 700만 원까지 납입금액의 13.2% 세액공제(최대 92만 4,000원) (연금저축계좌 포함)	
노란우산공제	연 300만 원 한도 납입금액 전액 소득공제	소기업 소상공인 사업주
연금보험 저축보험	10년 이상 경과 시 전액 비과세	2억 원 이내

세 이후부터 연금수령이 가능한 장기상품이다. 그러므로 연금 저축상품 가입 시 자신의 급여 수준에 맞게 부담이 가지 않는 수준에서 꾸준히 넣을 수 있도록 금액을 결정하는 것이 무엇보 다 중요하다.

셋, 적극적으로 금융지식을 쌓아라

성동규 부지점장은 사회초년생들에게 취업을 위해 스펙쌓

기에 올인했던 경험을 바탕으로 적극적으로 금융지식을 쌓으라고 조언했다. 금융시장과 상품을 알아야 안정적이고 편안한 투자가 가능하며, 손해보지 않고 이기는 투자를 할 수 있기 때문이다. 또 금융소비자로서 아는 게 많을수록 당당하게 상담을 받을 수 있고 대접받을 수 있다.

예를 들어 중위험 중수익 상품의 대표주자라고 하는 주가연계증권ELS 상품도 기초자산과 상환구조에 따라 위험도가 달라진다. 투자에 따른 손해를 보지 않고 편안한 투자를 위해 꾸준하게 금융지식을 쌓는 일이 중요하다고 강조했다.

성동규 부지점장은 강연을 마무리하면서 '사회초년생은 자신의 본업에 투자하는 것이 최고의 투자'라고 강조하였다. 재테크가 본업을 잠식하면 그것은 의미가 없다. 왜냐하면 투자할 수 있는 모든 종잣돈이 본업으로부터 나오기 때문이다.

Chapter 03

노후준비의 기본, 연금의 모든 것

100세 시대, 지금처럼 노후를 준비해서는 안 된다

100세 시대, 목돈 10억 원을 모아둔 사람과 매달 500만 원씩 나오는 연금이 있는 사람. 어떤 사람이 노후준비를 잘 한 것일까?

2016 서울머니쇼의 '재테크 베스트셀러 작가 릴레이 강연'에서 '노후준비의 기본, 연금활용의 모든 것'이라는 강연을 진행한 이영주 한국재무설계 상무는 "10억 원이라는 금액의 문제가 아니다"라며 "노후를 목돈으로 준비하고 있다는게 문제"라고 지적했다. 《연금부자들, 100세 인생 평생월급 500만원 만들기》의 저자이기도 한 그는 강연을 통해 100세 시대 노후를 올바르게 준비하기 위해 연금이 왜 중요한지에 대해 강조했다.

"우리나라 100세 인구는 1만 5,000여 명에 이르렀다. 노인들

이영주 한국재무설계 상무

은 TV를 보통 가정보다 훨씬 빠른 3년에 한 번씩 바꾼다. 집에
있는 시간이 길어지면서 TV가 금세 수명을 다하기 때문이다.
병에 걸리는 노인이 늘어나면서 노인의 돈은 자식으로 가는 게
아니라 병원으로 간다. 이 같은 새로운 사회 현상이 비일비재
하게 일어나지만, 우리는 이런 사회를 경험해본 적도 없고 그
때문에 조언해줄 선배 세대도 없다."

　이영주 상무가 100세 시대는 지금과는 다를 것이라며 예를
든 사례들이다. 그는 더 이상 기존의 방식대로 재테크를 해서
는 노후를 준비할 수 없다는 것을 강조하기 위해 변해가는 사

회상을 예로 들었다. 그는 "현재의 재테크 방법은 희망소득, 평균수명 등 조건을 열심히 계산기로 두드려가며 노후자금을 준비하는 형태지만 이는 현재와 같은 외모, 정신상태, 체력을 가정해서 내놓은 것"이라며 "노후에는 뭐가 달라질지는 예측할 수 없지만 현재와는 엄청나게 다른 조건이 된다"고 말했다.

그는 노인이 되면 병약함(질병), 외로움(고독), 지루함(무위), 가난함(빈곤)이라는 4중고가 찾아온다고 설명했다. 이제 그와 함께 이 같은 4중고가 찾아왔을 때 노인이 어떻게 힘들어지는지를 알아보자.

먼저 그는 노화 그 자체가 질병이라며 활동력, 판단력, 기억력이 저하되는 상황을 대비해야 한다고 말했다. "평생 열심히 돈 모아서 10억 원을 모은 이가 있다. 그러나 통장에 10억 원이 있는데 기억이 안날 수가 있다. 상가 같은 것을 운영하려는 이가 있다. 손가락 하나만 아파도 만사가 다 귀찮은데 노인이 되면 온몸이 아프다. 허리 아픈데 임대인과 싸우고 청소는 어떻게 할 것인가. 상식적으로 힘들다."

노인의 4중고 중 두 번째는 고독이다. 60~70대가 되면 처음에는 더욱 바빠진다. 토요일이면 산과 들에 꽃단장하고 다니기 바쁘지만 칠순이 넘어가면서 그런 모임이 사라지기 시작한다. 20명으로 시작했던 모임이 한두 명씩 세상을 떠나며 점점 줄어들기 때문이다. 결국 이럴 때 부모의 외로움을 치유해줘야 할 책임은 자식에게 있지만 그들은 김치를 뺏거나 손주를 맡길 때나 부모를 찾는다. 더구나 등 굽은 나무가 선산을 지킨다고 교육을 너무 잘 받은 자식들은 부모를 덜 찾는다.

세 번째로 나이가 들면 지루함이 찾아온다. 젊었을 때는 하루나 이틀이라도 쉬고 싶었지만, 노후가 되면 30년을 쉬어야 한다. 태어나서부터 대학교를 졸업할 때까지 30년 동안 향후 30년간 무엇을 할지를 준비해서 겨우 직장생활을 했지만, 정작 은퇴한 다음 무엇을 할 것인지는 전혀 준비가 되어있지 않다. 직장생활 30년보다 더 긴 시간이 남았지만 준비하는 사람은 드물다. 결국 지루한 시간이 찾아온다.

이같이 질병, 고독, 무위가 찾아오고 나면 빈곤은 함께 찾아온다. 모아놓은 목돈은 다 쓰고 없고, 손에 남은 것이 사라지는 것이다. 이 때문에 준비해야 하는 것이 재테크가 아닌 '산_產테크'이다.

재(財)테크 말고 산(産)테크 하라

재산이라는 말은 재물 재_財와 낳을·생산할 산_產이라는 두 한자가 만나 탄생했다. 결국 우리가 가지고 있는 재산은 열심히 벌어서 모은 생산소득과 이것으로 불린 재물이 모여 생성되는 것이다. 예금, 적금, 펀드, 주식, 부동산, 상가, 오피스텔, 땅 등이 '재'라면, '산'은 월급, 소득 등을 말한다. 이런 재산을 불려나가기 위해 우리는 노력하고 있다.

보통 젊었을 때는 '재'와 '산'이 모두 있다. 그러나 은퇴를 하고 나면 '산'이 사라진다. '재'만 남은 시기에 병이 걸리고 외롭고 심심해지는 것이다. 여기에 위험이 존재한다. '재'만 남는 상황에 대비해 모두가 '재'테크에만 매달려 지내는 것이다. 10억원 모으기에만 혈안이 되어 있는 것이다.

그러나 주변을 돌아봤을 때 은퇴 후 가장 행복한 사람은 공무원, 교사 등 죽을 때까지 끊이지 않는 '산'이 존재하는 사람이다. 노후준비의 해답이 '산'에 있는 이유다. 재테크가 나쁘다는 것이 아니라 주식부자, 부동산부자에게 병이 찾아오고 외롭게 됐을 때 대책이 없다는 게 문제라는 것이다. 질병, 고독, 무위가 찾아왔을 때 '재'는 재앙으로 닥쳐온다.

극단적인 예를 들어보자. 대부분의 패륜 범죄에는 돈이 끼어 있다. 10억 원을 모아둔 할머니가 있고, 월 500만 원이 꼬박꼬박 나오는 할머니가 있다. 이들 둘이 치매에 걸렸다. 하지만 긴 병에 효자가 없다. 10억 원을 모아둔 할머니는 살아계시면 그 10억 원이 차곡차곡 병원으로 가고, 돌아가시면 자식에게 간다. 모아둔 돈 때문에라도 할머니가 필요 없어지는 것이다. 반면, 월 500만 원이 나오는 할머니의 경우 병원비가 300만 원이라고 해도 돈이 남는다. 자식 입장에서는 남는 돈으로 아들 학원도 하나 더 보내고, 용돈도 쓴다. 어떻게든 어머니가 오래 살

아주 시기만을 바라게 된다.

또 하나의 예를 들어보자. 노인들이 당하기 십상인 것이 노인 대상 홍보관 등을 통한 사기다. 노인들은 고독을 달래는 대가로 고가의 물건을 구입한다. 사기인줄 알면서도 물건을 구입한다. 하지만 1억 원을 가진 노인은 이곳에서조차 1~2년 만에 모든 돈을 탕진하고 더 이상 외로움을 달랠 곳에 가지 못하게 된다. 하지만 월 200만 원의 연금이 나오는 노인은 한 달에 당할 수 있는 최고 사기가 200만 원이다. 위험이 닥쳐와도 최소한의 노후를 지킬 수 있게 된다.

이처럼 노후에 목돈을 갖고 있으면 겪을 수 있는 극단적인 사례는 다양하다. 어떤 자식들은 사업자금을 빌려달라며 목돈 내놓기를 바랄 것이다. 누군가는 가진 돈을 어떻게든 불리기 위해 아침 9시면 증권사 객장을 두드릴 것이다. 어떤 이는 친구나 지인으로부터 "금방 갚을테니 돈 좀 빌려달라"는 요청을 거절하기 어려울 것이다. 또 어떤 이는 동창 모임에서 있는 척하기 위해 "오늘은 내가 쏜다"며 괜한 호기를 부리느라 돈을 낭비할 것이다. "놀면 뭐하나, 사업이나 해보자"는 주변의 유혹에 덜컥 목돈을 내놓기도 쉽다. 마지막으로 아무도 몰래 장롱 깊숙한 곳이나 마늘밭에 목돈을 숨겨놓았다가 잊어버린 채로 세상을 떠날지도 모른다.

연금으로 평생월급 500만 원을 만들어라

위의 예들은 매우 극단적인 예일지도 모른다. 하지만 이영주 상무는 이 같은 극단적인 피해를 피할수 있는 것이 연금의 장점이라고 말한다. 목돈과 연금의 10가지 차이점으로는 첫째, 목돈은 내가 지켜야 하는 것이지만, 연금은 나를 지켜주는 것이다. 둘째, 목돈 가진 사람은 불안하지만, 연금을 가진 사람은 꿈이 있다. 셋째, 목돈을 가진 사람은 현재의 부자지만, 연금을 가진 사람은 평생 부자다. 넷째, 목돈 가진 사람은 "왕년에 내가"라고 말하지만, 연금 가진 사람은 "나는 앞으로"라고 말한다. 다섯째, 목돈 까먹는 것은 한도가 없지만, 연금은 까먹어도 한도가 있다. 여섯째, 목돈을 날리면 평생 힘들지만, 연금은 날려도 한 달만 참으면 된다. 일곱째, 목돈 가진 사람은 '호구'라 불리지만, 연금 가진 사람은 '갑'이라 불린다. 여덟째, 목돈 가진 노인은 일찍 가는 게, 연금 가진 노인은 오래 사는 게 자식을 도와주는 것이다. 아홉째, 목돈은 이벤트를 준비하는 것이지만, 연금은 삶을 준비하는 것이다. 마지막 열째, 목돈은 금융자산이지만, 연금은 사회제도이다.

이영주 상무는 이 같은 이유 때문에 평생 월급이라 할 수 있는 연금을 500만 원을 만들어야 한다고 조언했다. 그는 마지막으로 "우리가 노후를 걱정하는 이유는 가진 것은 많지만 만족하지 않기 때문, 아는 것은 많지만 진리를 잊고 살기 때문, 일은

평생월급 500만 원 만들기 워크시트				
목표	**준비**			
항목	**상품**	**명의**	**월납입액**	**납입기간**
기초생활비 150만 원	국민연금	남편	36만 원	60세
	국민연금	아내	10만 원	10년
	퇴직연금	남편	30만 원	퇴직 시
적정생활비 150만 원	연금저축	남편	25만 원	20년
	개인연금1	남편	40만 원	10년
	개인연금2	아내	60만 원	10년
여유생활비 200만 원	즉시연금(10년)	남편	1억 원	-
	즉시연금(종신)	아내	2억 원	-
	즉시연금(상속)	남편	1억 원	-

목표	**예상 연금수령액**					
항목	**55~59세**	**60~64세**	**65~69세**	**70~74세**	**75세 이후**	**남편사후**
기초생활비 150만 원	개시 전	개시 전	100만 원	100만 원	100만 원	종료
	개시 전	개시 전	20만 원	20만 원	20만 원	60만 원
	40만 원	40만 원	40만 원	40만 원	종료	종료
적정생활비 150만 원	30만 원	30만 원	30만 원	30만 원	종료	종료
	개시 전	40만 원	40만 원	40만 원	40만 원	종료
	개시 전	개시 전	70만 원	70만 원	70만 원	70만 원
여유생활비 200만 원	개시 전	100만 원	100만 원	종료	종료	종료
	개시 전	80만 원	80만 원	80만 원	80만 원	80만 원
	개시 전	20만 원	20만 원	20만 원	20만 원	1억 원 수령
계	70만 원	310만 원	500만 원	400만 원	330만 원	210만 원

많지만 자기 일이 없기 때문, 현재를 즐기느라 미래를 잊고 살기 때문"이라며 "재물을 모으느라 생산을 버리지 말고 평생 월급을 준비하라"고 조언했다.

Chapter 04

창업, 틈새상권과 틈새아이템 노려라

더이상 창업은 '대박' 아이템 아냐, 이제는 '직업'으로 접근해라

은퇴자산 등을 통해 '투자형 창업'에 관심을 가지는 이들이
크게 늘고 있다. 초저금리 기조로 인해 여유자금을 예적금 등
금융자산으로 보유하는 것 보다 '실물'에 투자하는 창업을 통해
수익을 얻는 것이 유리하다는 판단 때문이다.

하지만 창업도 녹록치 않다. 불황기가 지속되면 당연히 요
식·판매·서비스업 위주의 창업시장도 흔들릴 수 밖에 없다. 많
은 이들이 지갑을 닫고 소비를 줄이기 때문이다.

그러므로 요즘 같은 상황에서 창업은 '대박'을 목적으로 접
근해서는 안 된다. 김상훈 스타트비즈니스 대표는 "불황이 장
기화된 시점에서 창업을 '부업' 혹은 '취미'로 접근해서는 안 된
다"라며 "정말 '일'이 필요한 경우이거나, 노후자산 준비가 절

실한 사람들이 창업해야 한다. 창업은 이제 정말 직업으로서 접근해야 하는 시점"이라고 조언했다.

이런 요건이 갖춰진 경우라면 본격적으로 창업을 준비해야 한다. 성공을 바라면 좋겠지만 적어도 '실패'를 하지 않기 위해서라면 시장의 흐름을 잘 파악하는 게 우선이다. 김상훈 대표는 요즘같은 불황기에 적당한 창업코드를 '폼잡지 않은 사업', '저가실속창업'이라고 정의했다. 김상훈 대표는 "창업이란 시시각각 변하고 상권은 살아있는 생물과 같다"며 "창업을 하는 많은 사람들은 왜 열심히, 성실하게 한눈팔지 않고 사업에 매진했는데도 성과가 나오지 않을까 고민하지만 그 전에 창업시장의 흐름을 잇는 돈의 방향을 잘 파악해야만 한다"고 말했다.

이미 저성장시대로 진입한 한국은 과거의 일본과 종종 비교된다. 특히 일본이 저성장의 늪에 빠지기 시작한 시점인 1990년대 초반과 비슷하다. 창업시장도 마찬가지다.

김상훈 대표는 "1990년대 초반 일본에서 많이 목격됐던 창업코드가 한국 시장에 그대로 있다"고 설명했다. 김상훈 대표는 당시 일본 도쿄 상권조사 시 가장 눈에 띄었던 아이템이 '100엔샵(우리나라의 1,000원샵)'이었다고 했다. 일본의 대표적인 100엔샵은 우리가 잘 알고 있는 '다이소'이다. 다이소는 최근 한국에서도 매장을 열심히 늘려가며 승승장구 중이다.

요즘 한국에서 많이 보이는 '혼밥집(혼자 밥을 먹는 사람들을 위

한 식당)'이나 '혼술집(혼자 술을 먹는 사람들을 대상으로 하는 주점)' 등
도 25년 전부터 일본에서 유행하던 아이템이다. 김상훈 대표
는 이러한 매장들이 모두 '불황'과 맞아떨어지는 곳이라고 설
명한다.

'나홀로 가게'들은 매장이 클 필요가 없다. 나홀로 가게는 3평
(9.92㎡), 5평(16.5㎡)이면 충분하다.

즉 불황일수록 '작은 가게 창업법'에 코드를 맞춰야 한다. 작
은 가게들은 월세가 비싸지 않은 점도 장점이다. 김상훈 대표
는 "실패하는 창업자를 만나보면 창업자들이 건물주나 임대인
의 노예가 되는 경우가 많다"고 지적했다. 최근 주목받고 있는
서울의 신흥상권 1층의 3.3㎡당 분양가는 5,000만 원을 넘어선
다. 여기에 실평수 10평짜리 김밥집을 내기 위해 내야하는 월
세는 무려 500만 원이 넘는다. 강남 등 핵심상권의 1층 대형커
피숍들의 월 임대료는 2,000만~3,000만 원을 호가한다. 하지만
3평짜리 작은 '나홀로 가게'라면 보다 저렴한 임대료로도 창업
이 가능하다.

무엇보다 중요한 것은 타당성 분석이다. 이러한 작은 가게에
서 요즘 유행하는 1,000원짜리 '저가커피'를 판매한다고 해 보
자. 100잔을 판다고 해도 10만 원이고, 오피스상권이라면 토요
일과 일요일을 제외하고 나머지 기간 동안 과연 몇 잔을 팔아
야 임대료를 메울 수 있을까를 고려해야 한다. 김상훈 대표는

김상훈 스타트비즈니스 대표

"불황의 시그널은 저가가 유행하는 건데 저가제품들은 이익이 박할 수밖에 없고, 이러한 '박리'는 '다매'(많이 팔리는 것)가 따라오지 않으면 장렬히 망할 수밖에 없다.

그렇다면 어떤 창업을 해야 할까. '실속저가창업'이면서도 너무 마진률이 떨어져서는 안 되고, 특히 최근 유행하는 '있어빌리티(있어보인다+어빌리티Ability 의 합성어)'라는 말처럼 저렴하게 먹고 사더라도 '있어 보이는 듯한', 트렌드를 감안하면서도 예쁜 가게를 만드는 게 중요하다.

상권도 감안해야 한다. 요즘 뜨는 틈새상권을 주목해야 할 필요가 있다. 과거에는 아파트 인근 상권이 관심을 받았지만 최근 주목받는 상권은 '골목상권'이다. 김상훈 대표는 "1980년대 후반부터 전국적으로 아파트가 생겼고 그러다보니 젊은이들에게 대형 아파트 상권은 너무 친숙해 오히려 관심사가 되지 않는다"며 "하지만 옛날 골목들은 더욱 새롭고 관심이 가는 지역이고 지갑을 열 수 있는 구매가치가 있는 곳으로 변모했다"고 말했다. 반면 과거 잘 나가던 서울 압구정 로데오상권은 많은 상가가 비어있고 곳곳마다 '임대문의'라는 종이가 붙어있다. 김상훈 대표는 "투자가치를 위해서는 어디에 배팅해야 할 것인가를 잘 봐야 한다"고 조언했다.

그렇다면 창업을 꿈꾸는 많은 여성들의 '로망'인 '카페 창업'의 미래는 어떨까. 김상훈 대표는 반 농담 격으로 "건물주의 딸인 경우에만 카페 창업을 추천한다"고 말했다. 건물의 주인이라면 1층에 카페가 들어서는 것을 선호한다. 카페를 열어놓으면 부동산 가치가 상승하기 때문이다. 하지만 창업하는 사람의 입장에서 카페는 이미 '포화시장'이다. 김상훈 대표는 "자본이 적다면 카페는 적절한 창업아이템이 아니다"라며 "스타벅스보다 커피가 맛있고 좋은 원두를 쓴다고 해도 이미 포화된 시장에서 경쟁력을 가지기 어렵다"고 따끔하게 조언했다. 다만 정말 '돈 되는 창업' 아이템으로 꼭 카페를 하고 싶다면, '전에 없던 새로운 스타일의 카페'를 만들어야 한다. 가령 '술을 파는 커피숍'이라던지 아니라면 아주 재미있는 스토리를 입혀야 한다.

김상훈 대표는 "카페시장의 틈새로 단팥죽 등 전통가치를 담고 있는 아이템을 찾는 것도 의미가 있어 보이지만 이미 빙수카페 등에서 단팥죽 등 전통 아이템들을 많이 차용했다"며 "브랜딩을 잘 하고, 스토리를 만들고, 입지를 잘 선정하는 등 다각도의 노력이 필요하다"라고 말했다.

김상훈 대표는 또 창업 전 트렌드를 읽고 싶다면 홍대 인근에 가보라고 조언했다. 김 대표는 "홍대역과 합정역, 상수역에 많은 사람들이 모여든다"며 "이 상권에 모여드는 사람은 누구이고, 어느 가게는 피하는지 잘 살펴보라"고 말했다.

홍대는 특히 젊은층이 선호하는 상권이고 이들을 공략하기 위한 다양한 아이템이 등장하는 곳이기도 하다. 김상훈 대표는 "과거에는 창업트렌드를 보기 위해 일본에 가야했지만 요즘은 홍대만 잘 돌아다녀도 충분하다. 홍대를 보면서 요즘의 젊은이들이 어떤 가게를 좋아하는지 파악하고, 그들을 자신의 고객으로 만들기 위한 사업 아이템을 찾아내면 그들이 장년층, 노년층이 될 때 까지 안정적인 수요층을 확보할 수 있다"고 덧붙였다.

Chapter 05

소규모 창업의
유망업종과 성공 필살기

창업의 시대가 온다

"고용사회는 막을 내리고 있습니다. 공교육은 고용사회의 노동자를 길러내는 교육이었지만, 시간이 갈수록 평생 직장은 사라지고 있습니다. 이것이 창업을 해야 하는 이유입니다."

2016서울머니쇼의 '재테크 베스트셀러 작가 릴레이 강연'에서 '소규모 창업의 유망업종과 성공전략'이라는 강연을 진행한 이선영 체인지영컴퍼니 대표는 "꿈을 이루기 위해, 행복해지기 위해 창업하라"며 참가자들에게 조언을 건냈다. 《1인 창업이 답이다》의 저자이기도 한 그는 치위생사로서 병원의 실장으로 근무했던 경험을 살려 강사로, 그리고 병원 컨설턴트로 활동하는 컨설팅 회사 대표가 됐다.

창업 열풍이 거세다. 그도 그럴 것이 직장생활을 영위하기에

10~20년 후에 사라질 직업 상위 10가지
1. 전화판매원
2. 부동산 등기의 심사, 조사
3. 손바느질 재봉사
4. 컴퓨터를 사용한 데이터의 수집, 가공, 분석
5. 보험업자
6. 시계 수리공
7. 화물 취급인
8. 세무 신고 대행사
9. 필름 사진 현상 기술자
10. 은행 신규 구좌 개설 담당자

자료: 《직업의 미래》

는 평생직장의 개념이 사라지고 있다. 기술이 빠르게 발전하면서 직업을 유지하는 것조차 쉽지 않다. 영국 옥스퍼드대에서 미래 기술의 영향을 연구하는 칼 베네딕트 프레이와 마이클 오스본 교수의 저서 《직업의 미래》에 따르면 10~20년 후에 사라질 직업 상위 25가지에는 전화판매원, 부동산 등기의 심사·조사, 손바느질 재봉사, 컴퓨터를 사용한 데이터의 수집·가공·분석 등 아주 많은 사람들이 종사하고 있는 직업들이 상위권을 차지하고 있다.

이선영 체인지영컴퍼니 대표

이런 상황에서 이선영 대표는 1인 창업을 추천했다. 치킨집, 커피숍, 호프집 등 창업을 희망하는 사람들이 의례적으로 찾는 것은 요식업 매장이지만, 점포가 없으면 이들은 불가능하다. 돈이 없으면 창업을 못한다는 뜻이다. 하지만 1인 창업은 100만 원 이하의 돈으로도 창업할 수 있다.

1인 창업가가 되기 위한 조건

"죽기 직전에 못먹은 밥이 생각날까요? 못 이룬 꿈이 생각날까요?"

이선영 대표가 창업을 앞두고 있는 이들에게 가장 먼저 내민 조언은 사랑하는 일을 찾으라는 것이다. 그가 처음 다른 사람을 가르치고 컨설팅을 하기 시작한 것은 26세 무렵이었다. 특유의 성실함으로 남들보다 이른 나이에 병원의 실장을 맡은 그는 직원관리가 너무 힘들어 강사 과정을 밟았다. 아카데미에서 무료로 강의하는 기회를 받은 그는 누군가가 강의로 인해 변화되는 모습을 보며 행복감을 느꼈다. 그렇게 컨설팅이란 일을 본격적으로 하게 됐고 1인 기업의 대표가 됐다.

이선영 대표는 "나에게 맡겨진, 주어진 일만 하면 되는 일반 회사원은 큰 목표와 비전을 모른다"며 "자신이 무엇을 만드는지 알고 있는 농부같은 사람이 돼야 한다"고 조언했다. 그는 "농부는 씨를 심고 키우고 열매를 맺는 전 과정에 참여한다"며 "우리는 자신이 하는 일을 사랑하고 전 과정을 배울 생각을 해야 한다"고 덧붙였다.

좋아하는 일을 찾았으면 이를 콘텐츠화하는 과정이 필요하다. 이 과정을 보여주기 위해 이선영 대표는 몇 가지 모범 사례를 들었다.

먼저 이길성 스마트의료경영연구소 대표는 경영학과를 졸업한 평범한 사람이었다. 보험회사에 취직해서 일하다가 병원 관계자를 만났을 때 그들이 취약한 것이 경영이란 것을 알아챘다. 특히 가장 약한 것은 통계였다. 엑셀 등 통계 프로그램을 활용하는 법을 가르치기 시작한 그의 수입은 6시간 30만 원에서 90만 원으로 늘었다.

이명진 힐리스닝 대표 역시 보험회사 출신이다. 보험회사에서 고객과 만나다보니 커뮤니케이션 비법을 알게 됐다. 그는 그가 스스로 개발한 상담 기법을 '힐리스닝'이라고 이름 붙이고 이를 강연하는 세미나를 만들었다. 그의 강의는 보험회사, 병원뿐만 아니라 일반 기업에서도 고객과 접점이 있는 곳이라면 어디든지 환영받는다.

이미현 달꽃 대표는 떡케익 사업에 도전해서 성공을 거뒀다. 단 그는 떡케익에 흔히 쓰이는 앙금을 쓰지않고 절편을 사용했다. 절편으로 꽃 모양을 만든 그의 케익은 남다른 접근 방식 덕에 인기를 얻었다.

처음 창업을 하다보면 조언을 구할 곳이 당장 부족하다. 이선영 대표의 경우 이를 온라인을 통해 해결했다. 그가 애용한 것은 '트렌드헌터'라는 카페. 1인 기업가를 위한 좋은 강의를 담고 있는 이곳에서 그는 카카오스토리 마케팅, 카페 마케팅 등 다양한 마케팅 방법을 배웠다. 이선영 대표는 "트렌드헌터에 모여있는 1인 기업가들은 카페가 처음 시작될 때만 해도 모두가 규모도 작고 새로 시작하는 곳도 많았는데 함께 규모가 커져가고 있다"며 "애플리케이션(앱)을 어떻게 만들고, 자신은 앱을 어떻게 만들었는지 그 과정을 글로 써서 올려주니 앱은 물론 마케팅 기법까지 모두 배울 수 있는 카페"라고 설명했다.

《1인 창업이 답이다》외에도《20대, 발칙한 라이프! 쫄지 말고 당당하게》,《병원 매출 10배 올리는 절대 법칙》등 총 3권의 책의 저자이기도 한 이선영 대표는 한국 책쓰기·성공학 코칭협회를 통해서 책쓰기 과정을 섭렵했다. 그는 "책을 한 권 쓰고나면 자신감이 생기고 더욱 많이 배울 수 있다"며 "창업을 준비하고 있다면 그 분야에 대해서 책을 써보는 것을 추천한다"고 말했다.

창업을 했으면 돈을 벌어야 한다. 이선영 대표는 돈을 벌기 위해서는 시스템이 중요하다고 설명했다. 멀리 내다보고 일하지 않아도 돈이 계속해서 들어오도록 해야 한다는 것이다.

그는 자체 세미나 동영상을 만들어 이를 홍보했다. 그가 올려놓은 세미나 영상은 입소문을 타자 시청을 원하는 이들이 계속 늘어났고, 결국 일을 하지 않아도 돈이 벌리는 시스템이 완성됐다. 또한 다른 분야의 전문가와 교류를 하자 별도 홍보가 필요없게 됐다.

이선영 대표는 "늙어서 휠체어 탈 때쯤 부자가 돼서 세계일주를 갈 수는 없다"며 "계속해서 돈이 들어오는 시스템을 만들어야 한다"고 조언했다.

1인 기업 역시 홍보와 마케팅이 중요하다. 요즘에는 페이스북, 트위터, 블로그, 카페 등 소셜네트워크서비스$_{SNS}$가 마케팅

이선영 대표가 말하는 1인 창업의 핵심 조건
1. 사랑하는 일을 찾아라
2. 지식, 정보, 경험, 노하우를 콘텐츠화 하라
3. 최고의 코치에게 배워라
4. 돈이 들어오는 시스템을 만들어라
5. SNS는 필수다

의 가장 큰 축이 되었다. 특히 이 대표가 추천하는 SNS는 페이스북이다. 페이스북은 친구의 친구에게 전달되어서 도움이 많이 된다는 것이다.

이선영 대표의 경우에는 블로그를 통한 홍보효과가 컸다. 블로그를 꾸준히 쓰면 고객과 접촉할 수 있는 포인트가 넓어져 좋다. 이 밖에도 카페는 자신의 팬을 만들 수 있을 뿐만 아니라 세미나를 개설할 수 있다는 장점이 있다. 이선영 대표는 "여러 가지를 모두 하면 힘들 수가 있다"며 "가장 잘하는 것 선택해서 하는 게 여러가지를 하다가 지쳐서 그만두는 것보다 낫다"고 전했다.

쫄지 말고 당당하게 도전하라

마지막으로 이선영 대표는 창업을 결심했으면 당당하게 도전하는 자세가 필요하다고 조언했다. 그는 "창업을 하려고 하다보면 '좋은 직장두고, 그게 돈이 될 것 같냐' 같은 말을 하는 주변 사람이 정말 많다"며 "타인의 말에 자신의 인생을 흔들리도록 두지 말고 당당하게 도전하라"고 조언했다.

그는 "모든 것을 스스로 혼자서 해야 하는 1인 기업가는 외로운 자리"라며 "시간관리를 더욱 더 철저하게 해야 하고, 직장인일 때보다 더 힘들고 모진시간을 견뎌야 현대판 노예에서 벗어날 수 있다"고 덧붙였다.

PART
04

국가대표 은행PB가
제안하는
'마이너스금리시대 포트폴리오'

안전성·수익성 다 잡는 상품 노려라

국가대표 PB 릴레이 특강

마이너스 금리 시대에서 자산가들의 투자전략을 짜는 PB들은 과연 어떤 생각을 갖고 있을까?

2016서울머니쇼의 백미 '국가대표 PB 릴레이 특강'에 나선 PB들은 '마이너스금리시대 재테크 포트폴리오 구성의 모든 것'을 주제로 투자성향별 맞춤 포트폴리오에 대해 소개했다.

김영웅 신한은행 신한PWM 목동센터 PB팀장, 오인아 한국씨티은행 반포지점 PB팀장, 조현수 우리은행 WM자문센터 자산관리컨설팅 팀장은 모두 입을 모아 "저금리가 지속됨에 따라 투자를 생각하지 않을 수 없는 상황이 됐다"며 "그렇다고 수익률을 높이기 위해서 무작정 덤벼들면 안 되며 위험 성향에 따라 포트폴리오를 짜서 투자해야 한다"고 조언했다. 이들은 각

각 안정적·중립적·공격적 투자성향을 맡아 이에 따른 재테크 비법을 전수했다.

김영웅 신한은행 신한PWM목동센터 PB팀장(안정형)

"안정성과 수익성 다잡는 상품 노려라."

"표준편차라는 지표를 통해 자신의 위험 성향대로 투자하라."

김영웅 팀장은 안정형 투자성향을 가진 재테크 족들에게 투자 노하우를 전했다. 김영웅 팀장은 "위험이라는 것은 위로 혹은 아래도 생길 수 있는 변동폭을 의미하는데, 위험하다는 것은 변동성이 크고, 안정적이라는 것은 변동성이 적은 것을 의미한다"며 "이 변동성을 잘 나타내는 지표가 표준편차인데 수익률과 함께 표준편차를 살펴보고 투자를 결정하라"고 말했다. 그는 이어 "예를 들어 주식에 투자한다고 하면 코스피200의 10년간 연평균 수익률과 함께 변동폭이 얼마인지 살펴보면 내가 투자하는 상품의 위험성을 알 수가 있다"고 덧붙였다.

현 시점에서는 공격적 투자를 하기는 쉽지 않다는 게 김영웅 팀장의 생각이다. 그는 "위험투자의 대표격인 주식투자는 싸게 사서 비싸게 파는 것을 의미하는데 현재로는 변수가 많아 변동성을 예측하기 쉽지 않다"며 "미국 금리 인상의 불확실성 등으로 객관적으로 지금이 위험이 어느 정도인지 알기가 어렵다"고 말했다. 다만 그는 "수익창출이 좋은 시기는 위험이 고조에 있는 시기이므로 혜안이 있다면 위험 정도를 잘 파악해 수익률을 올릴 수 있다"고 덧붙였다.

개별 금융상품 중에서 김영웅 팀장은 우선 1.4~1.6%의 수익률을 올릴 수 있는 단기 국공채 펀드를 꼽았다

김영웅 팀장은 "단기 국공채 펀드는 국가가 발행한 채권이나 공공기관 발행 채권을 집어넣은 펀드로 우리나라 투자자들 중에서 안정적 성향 가진 이들이 원금보장과 즉시환급성 두 마리 토끼를 모두 잡는데 좋다"며 "1년 내외의 짧은 만기를 가지고 있어 금리 인상으로 인한 자본손실을 대비할 수 있고 상대적으로 낮은 환매 수수료도 장점"이라고 말했다. 다만 환매 이후 사흘 정도 후에야 정산된다는 점은 주의해야 한다고 김영웅 팀장은 전했다.

고소득자를 위해서는 물가연동국채(물가채)도 유망 투자처로 손꼽혔다. 물가채는 일반적인 국채처럼 표면금리대로 이자를 주면서도 물가가 오르면 추가 수익을 보장해주는 상품이다. 김영웅 팀장은 "물가채는 경기가 현재처럼 다소 침체하고 물가가 저점일 때 상당히 매력적"이라며 "정부가 현재 물가 상승을 위한 정책을 준비하고 있는 것으로 보여 물가채는 하반기에 투자하는 것이 좋다"고 말했다.

현재 만기 10년 물가채 표면금리는 1.5~2.75%로 국고채 10

김영웅 신한은행 신한PWM 목동센터 PB팀장

년물의 표면금리 4.25%보다 낮다. 하지만 2016년 하반기 물가가 오르면 원금이 올라가므로 자산가치가 증가하는 점이 특징이다. 정부가 투자원금(액면가)을 보장해주므로 안전한 자산으로 분류된다. 보유 3년이 경과하면 분리과세가 가능하다.

다만 김영웅 팀장은 "2013년 발행된 물가채를 3년 이상 보유해야 물가 상승에 따른 원금 상승분을 비과세할 수 있으므로 주의해야 한다"고 당부했다.

오인아 한국씨티은행 반포지점 PB팀장 (중립형)
"올해 브라질 국채 유망하다."

오인아 팀장이 추천하는 위험중립형 포트폴리오	
글로벌 투자등급 채권	18%
신흥시장 채권	18%
글로벌 하이일드 채권	1%
미국 주식	21%
유럽 주식	9%
일본 주식	3%
아시아 주식(일본 제외)	25%
현금	5%

오인아 팀장은 중립형 포트폴리오로 글로벌 투자등급·글로벌 하이일드·신흥시장 채권의 비중을 37%까지 두는 것을 선호했다. 오인아 팀장은 "일본을 제외한 아시아, 브라질, 러시아 등 신흥시장 채권에 비중을 확대하는 것을 추천한다"며 "특히 브라질 국채의 경우 수익금에 대해서 환차손 우려가 있는데 올해는 과도하게 헤알화가 빠져있으므로 환변동성은 제한적이라고 보고 있으므로 추천한다"고 말했다. 그는 이어 "브라질 국채는 두 자리 숫자의 수익률을 가져다주므로 포트폴리오에 넣으면 매력적"이라고 덧붙였다.

글로벌 투자등급 채권에 18%, 글로벌 하이일드 채권에 1%, 일본을 제외한 아시아·신흥시장 채권에 18% 등 총 37%를 채

오인아 한국씨티은행 반포지점 PB팀장

권에 투자하는 셈이다.

오인아 팀장의 중립형 포트폴리오에서 가장 많은 비중을 차지하는 것은 글로벌 주식이다. 미국 주식에 21%, 유럽 주식에 9%, 일본 주식에 3%를 보유하고 일본을 제외한 아시아 주식에는 25% 등 총 58%를 보유하는 형태다.

오인아 팀장은 "작년에 비해서 채권의 비중은 2% 포인트 더 늘리되, 주식의 경우에는 3% 포인트 더 낮춘 형태로 위험중립형 포트폴리오를 짜게 됐다"고 말했다.

이어 오인아 팀장은 자산배분의 팁도 제공했다. 그는 "안정성을 위해 자산배분 펀드를 장기적으로 운영하고 이 외에 유동성을 위해 채권형 펀드에 투자하다가 기대수익률에 따라 전략적으로 개별자산펀드로 갈아타는 것도 방법"이라고 말했다. 오인아 팀장은 또 올해 주요 리스크 요인으로 중국 경기둔화 우려와 미국 연준의 금리 인상, 국제유가 폭락 가능성 등을 꼽았다.

　오인아 팀장은 중립형 투자전략을 짜면서 철저한 시장분석이 선행돼야 한다는 점을 강조했다. 오인아 팀장은 "현재 시점의 특징은 주식이 완만하게 상승하지만 변동성도 커져 있는데 이는 주가 상승 사이클이 짧다는 의미"라며 "투자시점을 잡아서 투자를 한다는 것 자체가 힘들기 때문으로 철저한 분석이 필요하다"고 말했다.

조현수 우리은행 WM자문센터 자산관리컨설팅 팀장(공격형)
"블라쉬 원칙 지켜라."

　조현수 팀장은 블라쉬BLASH 원칙을 천명했다. 공격적인 투자를 위해서는 주식 비중이 클 수밖에 없는데 수익을 내기 위해서는 주식가격이 낮을 때 샀다가 높을 때 파는 원칙 'Buy Low And Sell High'를 천명한 셈이다. 조현수 팀장은 "주식을 저점에 분할 매수했다가 참을성을 갖고 기다린 뒤 목표한 수익률에 도달하면 분할 매도하라"며 "이렇게 되면 수익을 얻으면서 제

조현수 팀장이 예로든 '자산 10억 원의 위험성향 포트폴리오'		
구분	연 불입금	추천이유
즉시연금	2억 원	1인당 2억 원 한도 비과세
ELS	2억 원	중위험 중수익 추구
사모펀드	2억 원	차익거래 추구 전략
공모펀드	1억 원	배당주 투자
주식	9,300만 원	저점매수 고점매도
정기예금	5,000만 원	예비투자자금
MMF	5,000만 원	비상금
외화예금	5,000만 원	자녀유학대비
개인형 퇴직연금	700만 원	은퇴자금 및 세액공제
ISA	2,000만 원	목적자금
해외비과세펀드	3,000만 원	고수익 해외투자

대로 된 투자가 가능하다"고 말했다. 만약 목표 수익률이 됐을 때 욕심을 버리지 못하고 더 오를 때까지 기다렸다가 '쪽박'을 차는 사람들이 많은데 냉정하게 목표수익률 도달 시 분할매도를 강하게 주문한 셈이다.

조현수 팀장은 이어 "실질금리가 아니라 명목금리까지 마이너스로 하는 초저금리가 전 세계를 강타하고 있다"며 "일본은 물론 북유럽의 스웨덴이나 덴마크가 대표적인데 심지어 덴마

조현수 우리은행 WM자문센터 자산관리컨설팅 팀장

크에서는 일부 대출자에게 대출해주면서 오히려 이자를 주는 상황"이라고 말했다. 그는 이어 "금융 생태계가 변화함에 따라 투자자들 안정적인 자산보다 새로운 자산관리방법을 이용해 보다 적극적으로 투자에 나서야 한다"고 강조했다.

　포트폴리오 전략으로는 즉시연금에 2억 원을 불입하는 것이 좋다고 조언했다. 조현수 팀장은 "2억 원까지 비과세이고 가입 시 종신지급형을 선택하면 중도해지가 불가능해서 자식들이 손 못 벌린다"며 귀띔했다.

　투자수익을 얻기 위해서 노녹인NO Knock-in 구조의 주가연계증권$_{ELS}$과 사모펀드, 공모펀드 등에도 자산의 50%를 투자할 것을 조현수 팀장은 조언했다. 또 연금저축계좌에 매년 700만 원을 불입해 세액공제를 받으면서 노후준비도 반드시 해야 한다는 게 조현수 팀장의 생각이다. 이 밖에도 비과세 해외펀드와 개인종합자산관리계좌$_{ISA}$에도 관심을 가져야 한다고 말했다.

조현수 팀장은 "비과세 해외펀드의 경우 2018년까지 3,000만 원까지 비과세인데 현재 한국은 점점 성장률 떨어질 가능성 높아 국내 자산에만 투자하면 수익률을 상당히 높게 받기 힘드므로 좋은 대안이 된다"며 "이 밖에도 고성장 국가의 외화예금에도 관심을 가지면 안정적인 수익을 얻을 수 있다"고 말했다.

Chapter 02

공모주 주목하라

마이너스금리시대 재테크 포트폴리오 구성의 모든 것

2016서울머니쇼 둘째 날 '마이너스금리시대 재테크 포트폴리오 구성의 모든 것'이라는 주제로 발표에 나선 시중은행 PB팀장들은 저마다 비법을 꺼냈다. 안정형 투자에 대해 조언한 문형수 IBK기업은행 WM사업부 과장은 "포트폴리오 투자를 통해 '한 방에 훅 가지 않는' 꾸준한 투자를 하자"고 말했다. 송혜영 KEB하나은행 서압구정골드클럽 PB팀장은 "올해 하반기에는 공모주 펀드를 통해 대박을 잡자"며 중위험 중수익의 투자기법을 제안했다. 한태길 KB국민은행 강남스타PB센터 PB팀장은 "주식을 사고 팔 때 손절과 익절의 시점을 잘 맞춰야 한다"며 높은 수익을 얻기 위해서는 시점잡기가 중요하다는 점을 강조했다.

문형수 IBK기업은행 WM사업부 과장

"한 방에 훅 가면 회복이 안 됩니다."

40%의 수익률을 낸 사람이 30%의 손실을 봤다면 이를 회복하기 위해서는 얼마큼의 수익률이 더 필요할까?

정답부터 말하면 이 사람은 다음번에는 42%의 수익률을 내야 수익을 회복할 수 있다. 예를 들어 100만 원으로 40%의 수익을 얻었다고 하면 원금과 수익은 140만 원이다. 하지만 다음번에는 30% 손실이므로 돈은 98만 원으로 쪼그라든다. 40% 수익과 30% 손실이 번갈아 가면서 나타난다고 이같이 가정하면 이 사람의 자산은 원금도 건지기 힘들 가능성이 높다.

이에 비해 4%의 수익률과 3%의 손실을 번갈아가면서 얻는 이의 자산은 어떻게 될까? 100만 원을 투자한다고 가정했을 때 4%의 수익을 거두면 돈은 104만 원으로 불어난다. 이후 3%의 손실을 보면 100만 8,800원으로 다소 줄어든다. 하지만 다시 4%의 수익을 거두면 104만 9,000원으로 다시 자산은 불어난다. 자산 변동폭이 적다보니 결국 장기투자에 들어가면 자산은 점점 늘어나는 셈이다.

문형수 과장은 이런 상황을 설명하면서 포트폴리오 투자를 통해서 손실을 회피해야 한다고 설명했다. 그는 "몰빵 투자는 수익률이 높은 반면 손실규모도 커지므로 한 번 손실을 입으면 다시 일어설 수 없다"며 "포트폴리오 투자는 수익률은 비교적

'마이너스금리시대 재테크 포트폴리오 구성의 모든 것'에 참석한 각 은행 대표 PB
들. 왼쪽부터 문형수 IBK기업은행 WM사업부 과장, 송혜영 KEB하나은행 서압구정
골드클럽 PB팀장, 한태길 KB국민은행 강남스타PB센터 PB팀장

낮지만 꾸준히 수익을 거둘 수 있다"고 말했다. 그는 이어 "포트
폴리오를 짤 때에는 1위 수익률을 가진 금융상품을 꼽는 것은
불가능하지만 대신 10위 수익률을 피하는 것은 가능하므로 이
를 염두하고 포트폴리오로 짜는 게 좋을 것 같다"고 덧붙였다.

개별 상품 가운데서는 양도성예금증서CD금리연계 파생결합
사채DLB를 꼽았다. 이 상품은 CD금리를 기초 자산으로 하는 원
금지급형 상품이다. 일반적으로 만기가 6개월인 이 상품은 수
익률이 연 1.68%로 정기예금보다 높다. 금융투자협회에서 고
시하는 CD금리 91일물의 금리가 상품가입 도중 0.5%에서 4%
사이에서 움직이면 정해진 수익률에 일수만큼 곱해서 이자를

문형수 과장이 제안하는 '은행예금 금리 + 알파' 상품			
상품명	만기	연간 수익률	특징
CD금리연계 DLB	6개월	1.6~2%	91일물 CD금리 기초자산, 변동성에 따라 약정수익지급
미국 지수형 스태빌리티노트	3개월	3%	S&P500지수 기초자산, 변동성에 따라 약정수익 지급

준다. 문형수 과장은 "CD금리연계 DLB는 수익성 부분에서는 보통예금이나 정기예금보다 좋다"고 설명했다. 이 상품은 발행사가 부도가 나면 원금보장이 안되지만 가능성이 매우 희박하므로 잘 골라서 사면 된다.

문형수 과장은 또 저축성보험에 대해서도 강조했다. 금융자산이 10억 원 가까이 된다면 반드시 가입하라는 게 그의 생각이다. 그는 "정기예금 금리에 비해 높은 공시이율을 복리로 적용해 안정적인 노후자금을 마련할 수 있다"고 말했다.

그는 또 미국 지수를 기초 자산으로 한 스태빌리티노트도 추천했다. 문형수 과장은 "예를 들어 미국 S&P500 지수가 하루에 10% 이상 빠지지 않으면 약정 수익률 4% 주는 구조"라며 "다만 이보다 더 떨어지면 손실이 발생할 수는 있다"고 설명했다.

송혜영 KEB하나은행 서압구정골드클럽 PB팀장

"공모주 주목하라."

송혜영 팀장은 기업공개IPO 대어들이 나오는 2016년 하반기에 유망한 또 다른 금융상품으로 공모주 펀드를 꼽았다. 하반기 우리나라에는 두산밥캣, 삼성바이오로직스 등 대규모 기업공개 물량이 쏟아지면서 공모주 시장에 큰 장이 설 전망이다. 하지만 벌써부터 청약 경쟁이 치열한 것을 감안해 간접투자 방식인 공모주 펀드를 노려보자는 얘기다.

송혜영 팀장은 "하반기에 IPO가 160여 건 몰려 있어 대어를 낚기에 좋은 환경"이라면서 "2016년 4월 해태제과 공모주 청약에 참여한 투자자들이 불과 2주 만에 63%의 평가이익을 내 하반기에는 공모주 시장이 더욱 뜨거워질 것"이라고 설명했다.

공모주 펀드에는 펀드 순자산 총액의 대부분이 단기 국공채나 우량 채권에 투자돼 안정적이다. 자산 중 30% 이하는 공모주에 투자한다. 작년 2.38%였던 공모주 펀드 수익률은 올해 'IPO 대박'으로 4%로 상승할 것이라는 전망도 도는 만큼 하반기에는 반드시 챙겨야할 투자처라는 분석이다.

송혜영 팀장은 "공모주 펀드는 개별 공모주 분석을 통한 선별적인 투자가 돼 있으므로 상장 프리미엄을 확보해 수익을 얻을 수 있고 공모주 취득 후에는 개별 펀드의 리스크관리도 돼 있다"며 "또 채권 비중이 높은데 투자처가 국공채, 통안채, 은

송혜영 팀장이 제시하는 공모주 펀드의 특징

공모주 수익 + 우량채권 안전성

개별 공모주 분석을 통한 선별적 투자
- 상장 프리미엄 확보를 통한 수익 추구
- 공모주 취득 후 적극적인 리스크 관리

안정적인 채권 포트폴리오 구성
- 국공채, 통안채, 은행채 투자
- 안정적 이자 수익 창출

- 2016년 신규상장사 160여 곳, 공모규모 9조 원 이상
  - 1조 원 이상 대형종목 상장추진
    (1조 원 초과 공모 건수: 2012년 0건, 2013년 1건, 2014년 2건, 2015년 0건)
- 하반기 집중된 공모시장, 2016년은 상하반기 분산되어서 상장
  - 거래소, 상장주관사에 신규상장 시기 분산 요구

행채 등 안정적인 채권이어서 이자를 꾸준히 얻을 수 있는 장점이 있다"고 설명했다.

송혜영 팀장은 또 절세상품에 대해서도 강조했다. 개인종합자산관리계좌와 비과세 해외펀드의 경우 2016년에 나온 '신상품'이다.

그는 "ISA는 5년 간 순소득의 200만 원까지 비과세며 초과분은 9.9% 분리과세 해주므로 활용도가 높다. 해외주식에 관심 있는 투자자라면 주식의 매매차익을 비과세해주는 비과세 해외주식펀드에 총 3,000만 원을 넣으면 좋을 것"이라고 말했다.

한태길 KB국민은행 강남스타PB센터 PB팀장

"공격적인 투자성향을 가질수록 시간에 따른 '분산·분할투자'를 하라."

한태길 팀장은 공격적 투자성향을 가진 투자자들이 주식을 팔고 나오는 시점을 잘 잡지 못하는 점을 꼬집었다. 한 팀장은 "현재 시점에서 주식을 매도해야할 지 매수해야할 지 정확히 분석할 수 있는 사람은 없는 것이나 마찬가지"라며 "단기 위험을 헷지 하기 위해서 한 달에 세 번을 나눠서 투자할 지, 3개월로 나눠서 한 차례씩 투자할지 등 나름의 기준을 정해놓는 것이 중요하다"고 말했다.

그는 이어 "투자 격언에 '무릎 밑에서 사서 어깨 위에서 팔아라'는 말이 있다는데 이는 익절의 시기를 잘 잡으라는 것"이라며 "손절매는 미리 기준을 정해야 하는데 만약 이걸 놓치면 손절이 불가능하다"고 말했다. 그는 이어 "투자 후 -5%에서 손절매를 할지 수익 10%에서 익절매를 할지는 정해놓고 어떤 상황이 오더라도 원칙을 지켜야 한다"고 말했다.

아울러 로드어드바이저를 통한 펀드투자를 통해 적은 수수료로 수익을 얻기가 용이하다고 한 팀장은 보고 있다.

이 밖에도 그는 외환투자도 유망하다고 꼽았다. 한태길 팀장은 "저금리 시대에는 외환투자가 유효해서 개인적으로는 3년 전부터 외환투자를 고객에게 권유하고 있다"며 "다만 당시는

한태길 팀장이 제시하는 '고수익 운용 전략'	
상품	방법 및 이점
국내주식형펀드	가치주, 배당주에 투자
해외주식형펀드	베트남, 중국, 헬스케어 부문 노려야
대체투자	저평가된 해외농산물 투자
금 투자	경기 변동 대비한 헷지
외환 투자	달러, 유로화 보유. 환차익 비과세 노려야

달러투자를 권유했고 작년 하반기부터는 유로투자를 추천하고 있다"고 말했다. 그는 이어 "외환투자의 장점은 환차익이 비과세라는 점"이라고 덧붙였다.

현재 시장상황에 대해서는 2016년 중 한 차례 정도 미국 금리인상이 될 것으로 한태길 팀장은 내다봤다. 이어 침체를 벗어나지 못하고 있는 중국 경제의 연착륙 여부도 관심사라고 그는 밝혔다. 한태길 팀장은 "중국 사정을 보면 시진핑 주석의 개혁 정책이 먹혀들어가는 모양새"라며 "따라서 앞으로도 긴축정책보다는 완화정책을 쓸 것이라고 판단되므로 중국은 바닥을 딛고 올라올 수 있다고 본다. 단기적으로 중국 자산을 매수해도 될 것으로 판단된다"고 말했다.

그는 국제유가도 바닥을 쳤다고 봤다. 한태길 팀장은 "올해 경제에서 가장 큰 부분이 국제유가"라며 "미국의 셰일가스, 중동 국가의 산유량 감축 합의 등 다양한 부분을 살펴봐야겠지만 공급과잉이 다소 해소될 것을 보여 시장에 긍정적 영향을 줄 것"이라고 말했다.

Chapter 03

펀드·ELS 제대로 알고 투자하라

대표 PB들의 투자전략

2016서울머니쇼 마지막 날에 강연장에 나선 시중은행 PB팀장들은 청중들을 향해 투자전략을 쏟아냈다. 서상원 우리은행 WM자문센터 자산관리컨설팅 차장은 "안정형 재테크는 포트폴리오를 통해서 가능하므로 ISA 가입을 통해 분산투자에 익숙해질 필요가 있다"고 말했다. 이성아 KEB하나은행 대치동 골드클럽 PB팀장은 "중위험·중수익 투자에서 펀드투자나 파생결합상품에 관심을 갖고 수익을 낼 수 있도록 충분히 숙지한 뒤 가입·운용하자"고 말했다. 정화삼 신한은행 신한PWM 서울 파이낸스센터 PB팀장은 "공격적인 투자에서도 중요한 것은 원금보전인데 외화예금과 같이 기본이 충실한 상품도 관심을 갖자"고 말했다.

서상원 우리은행 WM자문센터 자산관리컨설팅 차장

"88년 시절처럼 재테크 하면 안 된다."

"〈응답하라 1988〉에서 극중 택이가 받았던 바둑대회 우승상금 5,000만 원은 어디에 투자하면 가장 좋았을까요?"

서상원 차장은 약 30년 전인 1988년 당시 5,000만 원을 정기예금에 넣었다면 작년 말 기준으로 2억 5,000만 원이 됐을 거라고 봤다. 하지만 만약 당시 그 돈으로 서울 강남구 대치동의 은마아파트를 구입했다면 현재 12억 원에 달한다고 했다. 심지어 삼성전자 주식을 샀다면 현재는 20억 원의 가치를 가졌을 것이라고 했다. 그렇다고 그 당시처럼 '몰빵' 투자를 하라는 것은 아니다. 20년 전에는 한 번의 투자로 엄청난 수익을 얻을 수 있었지만 이제는 그렇게 하기 어려운 시대가 됐다는 것이다.

서상원 차장은 "이제는 몰빵 투자가 안 통하는 환경이 됐고 포트폴리오를 짜서 분산투자해야 한다"며 "로보어드바이저가 도입되는 등 시대가 바뀌는데 80년대 마인드로 자산관리하면 안 된다는 것"이라고 설명했다.

그렇다면 예금금리가 1%대인 상황에서 할 수 있는 재테크는 무엇일까?

서상원 차장은 "연 1%의 금리로 자산을 2배 불리는데 무려 70년이 소요된다"며 "수년 전 4%대 수익률만 있었어도 자산 2배를 위해서는 17년 정도가 필요했는데 이제는 1% 금리대로

서상원 우리은행 WM자문센터 자산관리컨설팅 차장

재테크하기는 거의 불가능하다는 얘기"라고 말했다.

　서상원 차장의 대안은 개인종합자산관리계좌ISA다. 이 상품은 안정형 투자자에게는 첫 투자로서 제격이라는 게 그의 생각이다.

　고수익을 노린다면 해외주식형펀드와 주가연계증권의 비중을 높여 연 6~8%의 수익률을 추구하는 것이 방법이라고 서 차장은 말했다. 또 중립형이라면 채권혼합형펀드와 정기예금의 비중을 다소 높여 연 3~5%의 안정적인 수익률을 노려보는 것도 서상원 차장은 추천했다.

그는 "정기예금을 100%로 넣으면 연 2.5%에 가까운 수익률을 얻을 수 있지만 포트폴리오 투자의 효과가 없다"며 "ISA 투자가 처음이라면 채권형 펀드와 정기예금의 비중을 가진 안정형 투자로 2~4%의 수익률을 노려보도록 하자"고 말했다.

다만 그는 "투자자 가운데에서 5년간 돈이 묶인다고 생각해 ISA 가입을 꺼리는 분들이 있는데 일반적으로 금융상품은 4년가량은 돼야 수익이 난다는 점을 고려할 때 투자할 유인이 충분히 있다"며 "주식을 하기 어렵다면 ISA와 해외비과세펀드, 퇴직연금 등을 우선해서 챙길 필요가 있다"고 조언했다.

이성아 KEB하나은행 대치동골드클럽 PB팀장

"펀드, 주가연계증권ELS 투자 제대로 알고 하라."

"펀드투자란 돈을 잘 키울 능력이 있다고 생각되는 곳(자산운용사)에 어떤 식으로 내 돈을 키워줄 것인가를 확인(펀드 선택)한 후 내 돈을 믿고 맡기는 것입니다."

이성아 팀장은 중위험·중수익을 추구하는 투자자에게 기본을 강조했다. 펀드나 금융투자상품이 쏟아져 나오는 상황에서도 잘 알고 운용해야 실패하지 않는다는 얘기다.

이성아 팀장은 "투자하는 사람에게 맞는 포트폴리오가 가장 좋은 포트폴리오이며 투자 성공 가능성도 높다"며 "재산 상황, 금융상품 이해 수준, 금융시장의 출렁임과 투자 손실을 어느

이성아 KEB하나은행 대치동골드클럽 PB팀장

정도 견딜 수 있는지 여부를 감안해 투자하는 사람에 맞는 포트폴리오를 구성해야 한다"고 말했다.

그는 ELS를 예로 들었다. ELS는 주가가 일정 수준까지는 하락해도 수익을 주는 상품이다. 하지만 주가가 크게 상승해도 약속된 수익 외의 추가수익은 없다. 조기상환 지급 이외의 중도해지 시에는 원금손실 가능성이 크다는 점도 단점이다. 이성아 팀장은 "중도해지 수수료가 있고 환매 신청일 이후 기초 자산 가격 등에 의해 상환가격이 결정되면서 중도환매가격 예측도 어렵다"며 "최종 상환일이 가까워지면 시간가치 하락으로 옵션가격이 빠르게 하락하는 점 등도 감안해야 한다"고 말했다. 그는 이어 "종목형의 경우 원금 전체 손실도 가능하므로 잘 아는 사람이 가입하라고 해서 가입하면 큰 일이 날 수도 있다"고 밝혔다.

따라서 그는 지수형 노녹인No Knock-in ELS를 가입해 일정 수준까지는 주가가 떨어져도 정해진 수익률을 제공하는 상품을 구매하는 것이 좋다고 역설했다. 이성아 팀장은 "지수형 노녹인 ELS는 평가일에 설정 조건 충족 시 약속된 수익률로 조기 상환된다"며 "만약 조건을 충족하지 못하면 만기까지 보유해 시간을 벌 수도 있다는 점도 장점"이라고 말했다.

정화삼 신한은행 신한PWM 서울파이낸스센터 PB팀장
"외화예금 관심 갖자."

정화삼 팀장은 틈새 상품 가운데 외화 정기예금을 우선으로 추천했다. 원화 정기예금 상품의 금리가 1%대로 낮은 상황에서 외국은행이 만든 외화 정기예금은 2%대 비교적 높은 금리를 얻을 수 있어서다. 정화삼 팀장은 "외화 정기예금은 원화 정기 예금보다 0.5% 포인트 이상 많은 수익을 가져다줄 수 있다"며 "최근 유럽은 약세를 보이다가 성장에 접어들고 있어 2016년 하반기에는 특히 엔화 정기예금보다는 유로화 정기예금 투자가 유망하다고 본다"고 말했다. 그는 이어 "정기예금이므로

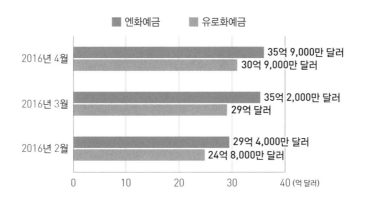

국내 거주자 외화 예금

■ 엔화예금   ■ 유로화예금

2016년 4월   35억 9,000만 달러
              30억 9,000만 달러

2016년 3월   35억 2,000만 달러
              29억 달러

2016년 2월   29억 4,000만 달러
              24억 8,000만 달러

0   10   20   30   40 (억 달러)

자료: 한국은행

원금손실의 위험도 없고 만기를 3개월로 짧게 두면 안정적이면서도 비상시에는 찾기도 쉽다"고 강조했다.

대표적인 외화예금인 유로화·엔화예금은 증가폭은 변동이 있지만 꾸준히 증가세이다. 한국은행에 따르면 지난 2016년 4월말 잔액기준 유로화예금은 30억 9,000만 달러, 엔화예금은 35억 9,000만 달러를 기록했다. 3월 말보다 유로화예금과 엔화예금이 각각 1억 9,000만 달러, 7,000만 달러씩 비교적 많이 증가한 것이다. 특히 지난 3월 한 달간은 유로화 예금이 4억 8,000만 달러 늘어나기도 했다. 그만큼 외화예금이 주목받고 있다는 얘기다.

정화삼 신한은행 신한PWM 서울파이낸스센터 PB팀장

　정화삼 팀장은 전자단기채권(전단채)도 추천했다. 그는 "전단채는 만기가 3개월로 짧은데 비해 금리도 높으며 증권사에서 매입확약을 해주므로 안정성도 있다"며 "전단채를 모아 만든 펀드의 경우 70%를 전단채에 투자하고 국공채에 20%, 현금성 자산에 10%를 투자하는데 A2 이상의 우량등급채권을 사는 것을 추천한다"고 말했다.

　전단채는 종이와 같은 실물이 아닌 전자 방식으로 발행되는 1년 미만의 단기 채권이다. 과거에는 기업들이 채권 어음 발행할 때 실물 발행했지만 현재는 전자어음을 발행해서 전단채라고 불리게 됐다. 건설사들이 아파트 신규 투자 자금을 끌어 모으는 데 쓰이는 경우가 많다. 다만 증권사가 '문제시 대신 매입하겠다'는 매입확약이 붙어있어 안전한 편이다. 시중에서는 이런 상품들을 증권사에서 쉽게 구입할 수 있다.

다만 증권사에서는 통상 만기가 1일, 5일, 10일 밖에 남지 않은 전단채를 팔고 있으므로 자주 바꿔야 하는 문제가 있다 보니 이를 '전단채 펀드'형태로 만들어 투자가 용이해졌다.

정화삼 팀장은 "이 펀드는 약 70%를 전단채에 구입하고 20%는 국공채에 투입해 안정성을 더했다"며 "수익률을 연 2% 내외로 나올 수 있도록 운영하고 있고 국공채 펀드와 마찬가지라 선취수수료와 환매수수료가 없어 장점이 있다"고 말했다.

PART
05

초저금리시대,
필수 재테크 '절세'

부동산 절세 백과사전
– 상속·증여에서 수익형 부동산까지

비사업용 토지, 사업용으로 바꿔라

2016년 들어 비사업용 토지에 대한 과세는 이전보다 심해졌다. 2015년 7월 정부는 비사업용 토지에 대한 양도소득세를 개정하면서 기존 비사업용 토지 소득세에 기본세율을 적용하던 것을 2016년부터 기본세율에 10% 가산해 매기겠다는 세제개편안을 내놨다. 대신 정부는 2016년부터 비사업용 토지에 대해 장기보유 특별공제를 해주겠다는 당근을 제시했다. 그래서 당시 많은 토지주들이 2016년까지 비사업용 토지 매각을 미뤘다.

만약 2016년부터 장기보유 특별공제를 적용한다는 정부 지침이 지켜졌다면 비사업용 토지를 7년 이상 가지고 있는 경우 2016년에 파는 게 유리하고, 7년 미만이면 2015년에 파는 게 유리했다. 하지만 정부는 개정세법을 통과시키면서 '2016년 1

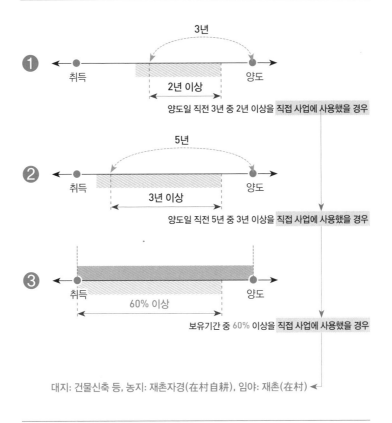

비사업용 토지를 사업용으로 변경하는 방법

①

3년

취득 ——— 양도

2년 이상

양도일 직전 3년 중 2년 이상을 직접 사업에 사용했을 경우

②

5년

취득 ——— 양도

3년 이상

양도일 직전 5년 중 3년 이상을 직접 사업에 사용했을 경우

③

취득 ——— 양도

60% 이상

보유기간 중 60% 이상을 직접 사업에 사용했을 경우

대지: 건물신축 등, 농지: 재촌자경(在村自耕), 임야: 재촌(在村)

자료: 원종훈 KB국민은행 세무팀장

월 1일부터 보유기간을 계산한다'는 새로운 조건을 걸었다. 결국 세율만 높아지고 장기보유특별공제를 못 받게 되니 비사업용 토지 보유주의 불이익이 늘어나게 된 셈이다.

원종훈 KB국민은행 WM컨설팅부 세무팀장은 비사업용 토지주에게 불리하게 세제가 개편된 2016년, 비사업용 토지 소유주를 위한 절세 전략을 제시했다. 원종훈 팀장이 제시한 해답은 '비사업용 토지를 사업용으로 바꾸는 것'이다.

비사업용 토지는 일정 요건을 충족하면 사업용으로 바꿀 수 있다. 방법은 크게 세 가지가 있다. 첫째, 양도일 직전 3년 중 2년 이상 토지를 사업용으로 사용하면 사업용 토지로 바꿀 수 있다. 둘째, 양도일 직전 5년 중 3년 이상을 직접 사업에 사용하면 사업용 토지로 전환된다. 셋째, 보유기간 60% 이상을 사업용으로 사용하면 사업용 토지로 인정받는다. 이 중에서 가장 단기에 비사업용 토지를 사업용으로 바꿀 수 있는 것은 첫째 방법, 양도 직전 3년 중 2년을 사업용으로 토지를 사용하는 방법이다.

기본적으로 비사업용 토지에 건물을 짓고 일정 기간 사용하면 토지가 사업용으로 바뀐다. 그렇다고 10년 동안 놀리던 땅에 창고를 6개월 만에 올린다고 바로 사업용 토지로 바꿀 수 있는 것은 아니다. 토지를 사업용으로 최소 2년 이상 사용해야 토지 성격이 사업용으로 바뀐다. 그런데 토지를 어떻게 사용했느냐는 착공 기준 2년이다. 즉, 창고 공사기간이 1년 6개월이 걸렸다면 준공 후 6개월 뒤 토지를 사업용으로 전환할 수 있다는 것이다.

원종훈 팀장은 "농지의 경우 재촌, 자경 요건이 요구된다"고 말했다. 즉, 토지 소유주 등본이 농지 소재지에 등록돼 있고, 땅을 스스로 경작해야 한다. 정부는 '무늬만 농사꾼'인 경우를 방지하기 위해 농작물 재배하는 데 있어 재배시간에 자기 노동력 50% 이상 투입할 것을 요구한다. 직장인에게는 불가능한 일이다. 직장인이나 자영업자 등은 근로소득 또는 사업소득이 연 3,700만 원 넘어가게 되면 자경을 인정하지 않는다. 여기서 부동산 임대소득은 산출기준에서 제외되기 때문에 주택 임대사업자 등은 자경을 인정받을 길이 열려 있다.

농지 소재지로 주민등록 주소를 옮겨놓고 2년 농사를 짓는다고 무조건 사업용으로 인정되는 것은 아니다. 자경하는 기간 2년은 매각일 직전 3년 안에 채워져야 한다. 원종훈 팀장은 "직장에 다니는 상태라면 재촌 자격을 만들기 어렵기 때문에, 비사업용 토지의 사업용화는 은퇴 이후로 미루는 게 낫다"고 말했다.

꼭 건물을 짓지 않고도 비사업용 토지를 사업용으로 전환할 수도 있다. 토지를 유료주차장으로 이용해도 사업용으로 인정되기 때문이다. 단, 주차장은 땅 소유주가 직접 2년간 운영해야 한다. 직접 주차장을 운영하기 어렵다면 토지를 야적장이나 하치장으로 활용하도록 하는 것도 방법이다. 임차인이 비사업용 토지를 야적장, 하치장 등으로 2년 이상 운영하면 비사업용 토

원종훈 KB국민은행 WM컨설팅부 세무팀장

지 인정을 받을 수 있다.

　원종훈 팀장은 비사업용 토지를 유료주차장으로 활용해 사
업용 토지로 전환한 대전의 모 한식당 사례를 소개했다. 식당
토지주는 두 필지 땅을 갖고 있었는데 한 필지에는 식당 건물이
들어서 있어 사업용으로 인정받았지만, 그 옆 식당 주차장으로
활용하고 있는 땅은 비사업용 토지로 분류돼 있었다. 식당 주인
은 주차장에 울타리와 차단기를 설치한 후 유료주차장 사업자
로 등록해 2년간 유료주차장으로 운영했다. 그 결과 토지는 사
업용으로 전환돼 매각 시 양도세 2억 원을 줄일 수 있었다.

주택임대소득세, "내는 게 남는 거다"

정부가 주택임대소득에 대한 과세 절차를 명확히 함에 따라 주택임대사업자들의 고민이 커지고 있다. 원종훈 세무팀장은 "이번 정권 들어 주택임대에 대한 세금을 줄여주는 대신 정확하게 거둬들이는 방식으로 정책 방향이 변했다"면서 "세금부담이 줄었으니 세금을 내는 게 낫다"고 말했다.

주택은 임대과정에서 부가가치세는 없기 때문에 소득세만 신경 쓰면 된다. 같은 임대수익이라고 하더라도 월세와 보증금에 대한 세금은 달리 매겨진다. 주택은 부부 합산 주택 한 채에 대해서만 월세를 받으면 비과세다. 딱 한 채로 월세 수입을 올리면서 집 주인은 전세로 나가살면 비과세 혜택을 받을 수 있다. 주택 두 채를 소유하고 있다면 이 중 한 채를 자녀에게 증여해도 비과세 혜택을 받을 수 있다. 보유 주택 산정 기준은 부부기 때문이다.

보증금의 경우 주택 세 채 이상부터 세금은 낸다. 다만 임대소득이 연 2,000만 원 이하면 2016년까진 비과세다. 연 임대소득이 2,000만 원이 초과 된다면 세금을 내지만 여전히 상가, 오피스텔보다는 세금이 적은 편이다. 2017년부터는 임대소득에 대한 과세가 시행되지만 다른 소득과 합산하지는 않는다. 14% 세율로 분리과세하고 납세의무가 종결된다.

국세청에서는 주택 소유주가 임대소득을 스스로 신고하지

않더라도 임대소득을 산정할 수 있는 장치를 마련해 뒀다. 연봉 7,000만 원 이하 직장인에 대해 월세에 대해 세액공제 혜택을 부여한 것이다. 직장인인 세입자는 월세에 대해 현금영수증을 발급 받으면 공제를 받을 수 있다. 집주인이 카드단말기가 없다는 이유로 현금영수증 안 끊어줄 경우, 세입자는 세무서에서 현금영수증을 발급 받을 수 있다.

직장인이 아닌 자영업자를 대상으로 주택임대를 한다고 해도 세금 추적을 피하기란 쉽지 않다. 세입자는 전·월세 계약을 할 때 보증금을 보장받기 위해 확정일자를 받는데, 국세청이 확정일자 주택임대차계약서를 확인할 수 있게 됐다.

주택임대에 대한 과세는 주차단속에 비유할 수 있다. 그동안의 주택임대시장은 한적한 시골길과 같아서 주차위반 단속이 거의 없었다. 이제는 주차단속(임대수익 과세)이 많아졌지만 대신 유료주차요금(세금)이 낮아졌다고 볼 수 있다.

상속·증여 절세는 과세기준 차이에서 나온다

부동산 상속·증여세는 대부분 시가로 매기지만 시가 확인이 어려울 경우에는 공시가액을 적용한다. 그런데 공시가액은 시가의 50% 수준인 경우가 많다. 원종훈 세무팀장은 "공시가액과 시가의 차이를 활용하면 상속·증여세를 줄일 수 있다"고 말했다.

세금 종류별 재산 평가 기준		
세금 종류	과세원칙	예외적 적용
양도소득세	실거래가액(시가)	예외없음
상속세, 증여세	시가	공시가액
재산세	공시가액	-
취득세	실거래가액	공시가액

하지만 상속세와 증여세를 적게 낼 요량으로 공시가액을 적용해 상속·증여를 하는 게 능사는 아니다. 추후 자녀가 물려받은 부동산을 매각할 때 매매차익이 상속·증여 당시 시가와 공시가액만큼 늘게 신고되면서 양도세가 높아지기 때문이다.

상속·증여한 부동산의 양도소득세를 줄일 목적이라면 상속·증여 시 취득가격을 높이는 게 유리하다. 상속의 경우 사망일 기점 전후 6개월, 증여의 경우 증여 3개월 전후 유사하거나 동일한 물건이 매매, 수용, 공매, 경매, 감정평가 2건 이상인 경우 등이 있으면 이를 시가로 계산한다.

아파트는 시가로 계산되는 것을 피하기 어렵다. 같은 조건의 물건들이 많고 거래가 활발한데다, 등기별로 동, 층까지 분기별 고시돼 있기 때문이다. 반대로 단독주택, 상가, 전, 답, 과수원 등은 시가 파악이 어렵다. 즉 아파트를 제외한 부동산은 상속·

증여 시 과세기준을 시가로 할 것인지 공시지가로 할 것인지 선택할 수 있다는 것이다. 임야, 전, 답, 과수원 등은 상속·증여 전후 일정 기간 동안 감정평가 받으면 시가를 끌어낼 수 있다.

가령 시가가 9억 원, 공시지가가 7억 원인 농지가 있다고 하자. 이를 상속 받을 때 상속세 신고를 하지 않고 등기만 해도 되지만, 이때 시가로 신고하면 추후 매각 때 절세 효과를 얻을 수 있다. 따로 신고를 하지 않을 경우 양도차익 2억 원이 발생하는 것으로 나타나기 때문에 양도세 6,121만 원이 과세된다. 그러나 상속 받았을 때 시가로 신고를 해놨다면 양도가액 9억 원, 취득가액 9억 원으로 양도차익이 없기 때문에 양도세를 납부하지 않아도 된다.

양도세의 경우 과세표준 1억 5,000만 원이 넘으면 최고세율 41.8%를 매긴다. 양도차익 2억 원이 넘어가면 부동산은 무조건 최고세율이다. 반면 상속세, 증여세는 과세표준이 천천히 올라간다. 상속·증여 시 매각할 계획이 없다면 공시가격으로 신고하는 것이 좋다. 하지만 매각 계획이 있다면 시가와 공시가격 중 어떤 것으로 신고하는 게 유리한지 판단해야 한다. 세율이 30% 이하일 때는 시가를 선택하는 게 세금이 적다.

같은 재산을 물려주더라도 상속하느냐 증여하느냐에 따라서 세금도 달라진다. 상속세는 죽은 사람이 내는 세금을 물려받은 사람이 대신 내는 개념이라 망자 중심으로 과세한다. 즉 여러

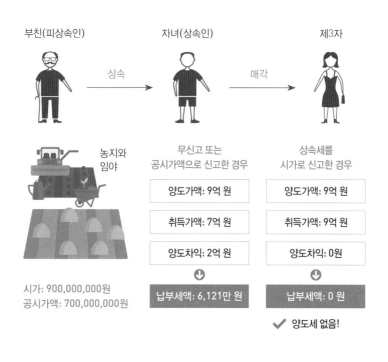

상속 신고로 증여세 절약하는 경우

부친(피상속인) → 상속 → 자녀(상속인) → 매각 → 제3자

농지와 임야

시가: 900,000,000원
공시가액: 700,000,000원

무신고 또는 공시가액으로 신고한 경우

양도가액: 9억 원
취득가액: 7억 원
양도차익: 2억 원
↓
납부세액: 6,121만 원

상속세를 시가로 신고한 경우

양도가액: 9억 원
취득가액: 9억 원
양도차익: 0원
↓
납부세액: 0 원

✔ 양도세 없음!

자료: 원종훈 KB국민은행 세무팀장

사람에게 상속한 재산을 합산해서 과세하기 때문에 누진세율이 적용된다. 반면 증여세는 받은 사람 기준으로 세금을 매긴다. 극단적인 예를 들자면 100억 원이 있는 사람이 죽은 후 100명이 가져가면 상속세는 100억 원을 기준으로 계산한다. 그러

부동산 절세를 위한 특강에 참석한 청중들이 원종훈 KB국민은행 세무팀장의 강연에 집중하고 있다.

나 100억 원 증여하면 증여세 1억 원을 기준으로 100을 곱하는 식으로 계산한다.

국세청은 사망 기준 10년 이내 증여한 재산을 합산해 상속세와 증여세 중 높은 쪽으로 과세한다. 만약 재산 소유자가 10년 이내에 사망이 예상된다 하더라도 사전 증여가 절세면에서 유리하다. 미리 증여하면 나중에 증여할 때보다 그 사이 오른 부동산 가격 분만큼 세금을 줄일 수 있기 때문이다.

Chapter 02

생활 속 절세 기술
– 연말정산에서 세제혜택 상품 활용까지

생활 속에서 절세를 찾자

김근호 KEB하나은행 상속증여센터장은 절세를 위해서는 세액공제형 금융상품들을 잘 활용해야 한다고 주문했다. 가장 중요한 것은 개인연금(연금저축계좌)이다. 은퇴준비와 절세를 동시에 잡을 수 있기 때문이다.

이 상품은 연간 1,800만 원 한도로 적립하다 만기 5년이 지나고 만 55세 이후에 연금으로 받는 상품이다. 연금저축계좌는 펀드 여러 개를 담아 운용할 수 있으므로 맞춤형으로 만들 수 있는 것이 장점이다. 또 다른 매력은 소득공제다. 연말 정산에서 400만 원까지 13.2%의 세액공제 혜택을 받을 수 있다. 연봉이 5,500만 원 이하인 경우에는 공제율이 16.5%로 확대되는 것도 특징이다. 또 연금저축계좌의 경우 연간 1,200만 원 한도로

김근호 KEB하나은행 상속증여센터장

연금소득 저율과세까지 가능한 것이 장점이다.

이 연금저축계좌와 함께 가입하면 좋은 것이 개인형퇴직연금IRP이다. 이 계좌와 합치면 최대 700만 원 한도까지 세액공제가 가능하기 때문. IRP는 기존 퇴직연금이 있는 직장인이 개인돈을 추가로 불입해 만든 연금 계좌다. 연금저축계좌에 400만원을 넣고 IRP에 300만 원을 추가로 납입하면 된다. IRP에만 700만 원을 불입하는 것도 방법이다. 이렇게 하면 연말정산 때 최대 92만 4,000원의 절세효과를 볼 수 있다. 연소득이 5,500만원 이하라면 115만 5,000원의 세금을 아낀다.

세제혜택상품 A TO Z			
상품	연간불입한도	절세혜택	가입자격
연금저축	1,800만 원	세액공제(13.2%), 연간 1,200만 원 한도로 연금소득 저율과세	대한민국 거주자
개인형퇴직 연금(IRP)	1,200만 원	연 700만 원 한도 내 납입금액의 13.2% 세액공제	퇴직연금 가입된 근로자
주택청약 종합저축	월 2만~50만 원 자유납입	연 240만 원 한도 내 납입금액 40% 세액공제	총급여 7,000만 원 이하 무주택 세대주

*연금저축세액공제율은 총급여가 5,500만 원 이하라면 16.5%까지 확대됨

자료: KEB하나은행 상속증여센터

주택청약종합저축도 절세에 좋은 효과를 갖고 있다. 연간 불입액에서 240만 원 한도로 연간 납입액의 40%까지 소득공제해준다.

김근호 센터장은 "2015년 기준 연금 상품의 경우 근로자 1,669만 명 가운데 234만 명이 가입해 전체 근로자의 14%가 가입했다"며 "2015년부터 최대 700만 원까지 공제범위를 인정받아 소득 수준에 따라 100만 원 상당의 세액공제가 가능하므로 반드시 가입하자"고 말했다.

그렇다면 '13월의 월급' 연말정산을 위해서는 어떤 것을 준비해야 할까. 신용카드 등에 대한 소득공제 정보도 알아두면 유용하다고 김근호 센터장은 전했다. 신용카드는 사용액의

15%, 직불카드(체크카드)는 30%를 공제받을 수 있다. 다만 총 급여액의 25% 이상 사용금액에 대해서 15~30% 비율로 공제해 준다. 신용카드와 체크카드는 공제액이 2배나 차이 나기 때문에 체크카드만 무조건 사용하는 것이 유리하게 보이지만 공제한도(300만 원)가 있기 때문에 적절하게 병행해서 사용하는 것이 좋다.

특히 김근호 센터장은 "신용카드와 체크카드 등을 사용할 경우 최저사용금액(총급여액의 25%)까지는 다양한 할인과 포인트 혜택이 있는 신용카드를 사용하는 것이 유리하다"며 "신용카드 사용액이 최저사용금액을 넘었다면 체크카드를 집중적으로 사용하는 것이 좋다"고 말했다.

카드 공제대상은 신용카드, 체크카드, 현금영수증, 직불전자지급수단, 기명식 선불전자지급수단 등으로 결제한 금액이다. 기본공제 대상(연간 소득금액 100만 원 이하)인 배우자를 비롯해 부모, 자녀가 사용한 금액도 공제가 가능한 것도 특징이다. 다만 사업비용, 자동차 구입비용, 보험료, 교육비, 상품권 구입비용은 사용금액에서 제외된다. 신용카드로 결제한 의료비나 신용카드로 결제한 취학 전 아동 교육비는 중복해서 공제된다.

김근호 센터장은 "특히 전통시장이나 대중교통을 많이 이용하면 30%의 높은 공제율을 적용받을 수 있다"며 "또 카드 공제한도 300만 원을 다 채운 경우에도 전통시장과 대중교통 이용

카드 소득공제 개요	
대상	카드 사용액 가운데 연소득의 25%를 초과한 금액
방법	소득공제 대상금액에 대해 카드별 소득공제율을 곱해서 적용
공제율	신용카드 15%
	체크카드 등 직불카드 30%
	현금영수증 30%
	전통시장 사용분 30%
	대중교통 이용분 30%
공제한도	최소 연간 300만 원(총급여액의 20%)
	최대 연간 500만 원(전통시장, 대중교통 이용분 각각 100만 원 추가)

자료: KEB하나은행 상속증여센터

액에 대해 각각 100만 원씩을 추가로 공제받을 수 있다"고 말했다.

또 주택 월세를 내는 사람들도 소득공제가 가능하다는 점을 김근호 센터장은 강조했다. 2014년부터 총급여액이 7,000만 원 이하인 사람들은 월세비용에 대해 75만 원 한도(연간 최대 월세액 700만 원의 10%)로 세액공제를 받을 수 있다.

주택 월세 소득공제를 받으려면 집주인의 동의가 필요한데 만약 집주인이 이를 동의하지 않는다면 이사 후 2년 안에 신청하면 된다. 김근호 센터장은 "임대인들은 소득신고 누락으로 사후적으로 세금을 내야하기 때문에 반드시 임차인의 소득공제 신청에 동의 해줘야 한다"며 "현재 주택시장에서 전세와 월세가 많아지고 있는데 이 부분에 소득공제를 해준다는 점은 정부가 전월세 활성화를 위해서 인프라를 만드는 것이 아닌가 한다"고 말했다.

이 밖에도 장기집합투자증권저축은 지난해 총급여 5,000만 원 이하의 근로소득만 있는 근로자의 경우 연간 600만 원까지 납입할 수 있다. 이 경우 240만 원(600만 원×40%)까지 소득공제가 가능하다고 김근호 센터장은 소개했다.

또 국세청 연말정산간소화 서비스에 자동으로 수집되지 않는 자료도 있으니 유의해야 한다. 보청기 구입비용, 휠체어 등 장애인보장구 구입·임차 비용, 시력보정용 안경 또는 콘택트렌즈 구입비용(공제한도 1인당 연 50만 원) 중 일부는 따로 챙겨야 한다. 교육비 중 자녀의 교복이나 체육복 구입비(중·고교생 1인당 연 50만 원), 취학 전 아동 학원비, 종교단체나 지정 기부금 단체 등에 지출한 기부금 중 일부도 연말정산 간소화서비스에 수집되지 않으므로 주의해야 한다.

한편 김근호 센터장은 절세와 함께 노후준비에 대해서도 이야기를 꺼냈다. 주위를 돌이켜보면 노후준비가 덜된 경우가 허다하다는 게 김근호 센터장의 생각이다. 김근호 센터장은 "통계청의 2015년 자료를 보면 노후준비가 잘 안되고 있다는 응답

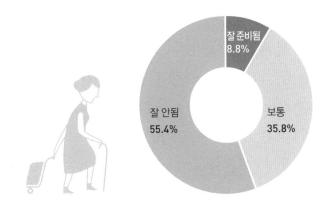

잘 준비됨
8.8%

보통
35.8%

잘 안됨
55.4%

자료: 통계청(2015년 12월 조사)

이 55.4%로 응답자의 절반이 넘었다"며 "이런 응답도 2014년에 비해 2%포인트 더 증가한 것이라 점점 노후준비가 어렵다는 얘기"라고 말했다. 그는 이어 "이렇게 되면 '행복한 100세'가 아니라 '그냥 100세'가 될 수밖에 없다"고 덧붙였다.

게다가 자녀에 대한 투자는 오히려 부모에게 고민을 안겨주고 있다고 김근호 센터장은 진단했다. 20·30대의 취업난이 가중되면서 이들의 부모세대의 경제적 부담이 커지고 있기 때문이다. 김근호 센터장은 "청년들이 실업난을 겪게 되니 자녀들의 교육에 투자했던 부모들도 자녀가 성년이 돼서는 한숨을 쉰다"며 "오히려 노후자금을 아껴두고 자녀에 대한 지원은 좀 더 신중하게 할 필요가 있다"고 말했다.

노년층도 현 시점만 놓고 보면 노후준비가 전혀 안되어 있다는 점을 알 수 있다고 그는 강조했다. 김근호 센터장은 "경제협력개발기구 OECD가 발표한 노년층 경제제빈곤률을 살펴보면 한국의 경우 심각한 것으로 나타났다"고 말했다.

전업주부의 경우에는 더 어렵다. 전업주부의 경우 일하는 남편의 피부양자이므로 국민연금을 받을 수 없다. 또 근로자가 아니어서 퇴직연금도 받을 수 없다. 김근호 센터장은 "직장인들이 가입하는 개인연금의 경우에도 특별한 세제혜택이 없어서 전업주부들은 가입 유인이 없다"며 "전업주부는 은퇴준비가 아예 안 돼 있다고 볼 수 있는데 최근 국민연금 임의가입자(비근로자 가입자)가 20만 명이 넘은 것도 연금설계에 대한 수요 때문"이라고 말했다.

이에 따라 김근호 센터장은 일단 국민연금과 개인연금(연금저축), 퇴직연금 등 이 세 가지를 기본바탕으로 쌓아야 한다고 말했다. 국민연금의 경우 죽을 때까지 받을 수 있는 연금 상품이어서 기본으로 훌륭하다는 게 그의 생각이다. 김근호 센터장은 "국민연금은 노후자금으로 죽을 때까지 끌고 가는 것이라고 생각해야 노후를 버틸 수 있다"며 "세상에서 가장 바보짓이 국민

연금이나 공무원연금, 공제형 연금을 깨는 것이므로 유지를 잘
해야 한다"고 말했다.

개인연금은 국민연금을 보충할 수 있을 뿐만 아니라 비상수
단으로 쓸 수 있으므로 미리 준비해놔야 한다고 김근호 센터장
은 말했다. 그는 "개인연금은 국민연금 다음으로 활용하다가
혹시나 목돈이 필요할 때 깨서 비상자금으로 쓰도록 하자"고
말했다.

Chapter 03

신세제혜택 상품 100% 활용전략
- 만능통장 ISA와 비과세해외주식펀드

아는 만큼 보이는 신세제혜택 상품

2016년 3월부터 도입된 개인종합자산관리계좌ISA에 재테크에 '목마른' 많은 이들의 관심이 쏠려있다. 하지만 정작 이 계좌를 어떻게 활용해야하는 지에 대해서는 잘 모르는 경우가 많다.

ISA는 하나의 통장에서 예금과 적금같은 은행상품과 펀드나 ELS 등의 증권상품, 보험상품 등을 모두 관리할 수 있는 새로운 계좌다. 2018년 말까지만 가입할 수 있는 한시적인 상품이기도 하다. 연간 2,000만 원 한도 내에서 의무가입기간 5년을 유지하면 통산이자 중 200만 원까지 비과세를 해 준다. 즉 세금을 내지 않아도 된다는 뜻이다. 200만 원 초과금에 대해서도 9.9% 분리과세되기 때문에 타 금융상품보다 유리하다.

곽상준 신한금융투자 영업부 수석PB팀장은 "ISA는 저성장·

저금리 시대에 등장한 맞춤상품"이라며 "과거처럼 은행예금금리가 10% 이상일 경우는 큰 문제가 없었지만 2% 미만인 요즈음에는 예금이자에 대한 세금 15.4%를 제하고 나면 사실상 수익이 너무 적기 때문에 비과세 상품이 인기를 모으고 있는 것"이라고 설명했다.

그렇다면 이런 목적에서 탄생한 ISA통장을 어떻게 하면 잘 활용할 수 있을까. '비과세'라는 ISA통장의 장점을 잘 활용하면서 '연간 한도 2,000만 원'을 넘어서지 않는 투자를 하기 위해서는 이 효과를 최대한 누릴 수 있는 상품에 골라 가입하는 게 좋다. 가령 주식형펀드의 경우 워낙 과세를 적게 하기 때문에 ISA에 담지 않아도 된다. 곽상준 팀장은 "아직 우리나라에서는 금융소득에서 자본차익이 발생할 경우는 세금을 안 내는데, 주식이나 채권이 그런 부류"라고 설명했다.

기왕이면 금리가 낮아 역시 절세 효과가 크지 않은 예금, 적금보다는 수익률이 높은 상품을 담는 것이 좋다. 곽상준 팀장의 추천은 '주가연계증권$_{ELS}$'이다. 특정 주권의 가격에 연계한 상품인 주가연계증권은 위험이 상대적으로 높지 않은 상품의 경우 약 4~8%까지 이자율이 나온다. 곽상준 팀장은 "1~2%의 예금금리에서 15.4%가 절세되는 것보다, 보다 높은 4~8%대의 이자소득에 대한 세금을 면제받는 게 결과적으로는 더 큰 수익을 얻을 수 있다"고 설명했다.

곽상준 신한금융투자 영업부 수석PB팀장

ELS에 투자할 때도 위험률을 낮추면서 수익률을 높이기 위한 '팁'이 있다. 금리가 높은 시점에 가입을 하는 것이다. 보통 ELS에 투자하는 사람들은 '이자율이 높으면 고위험'일 것이라고 생각하지만 ELS에서는 반대다. 곽상준 팀장은 "ELS는 파생상품이고, 변동성이 클 때 금리가 높아진다"며 "변동성이 크다는 건 현재 기초자산의 수준이 굉장히 낮은 상황이라는 것이고 기초자산의 가격이 상대적으로 많이 떨어졌다고 보면 된다"고 말했다. 반대로 ELS의 금리가 낮아졌다는 것은 그만큼 기초자산의 가격이 높아졌다는 뜻이라는 게 곽상준 팀장의 조언이다.

'비과세 해외주식형펀드'도 주목해야 할 절세상품이다. 2017년 말까지 가입이 가능한 해외주식형펀드는 1인당 3,000만 원 한도에서 비과세 혜택을 받을 수 있고 10년 뒤에는 펀드가 자동해지된다. 2018년부터는 가입이 불가능하기 때문에 서둘러야 한다. ISA계좌와는 달리 최소의무가입기간이 없다.

곽상준 팀장은 "해외 투자를 위해서는 ISA계좌를 활용하기보다는 번거롭더라도 별도로 비과세 해외주식형펀드를 만드는 게 더 좋다"고 조언했다.

특히 2017년까지는 환매수수료가 없기 때문에 비과세 해외주식형펀드를 활용하면 더욱 자유로운 투자가 가능하다.

단기 투자로 인한 수익을 누릴 수 있는 지역은 어디일까. 곽상준 팀장은 일본, 미국 등의 선진국보다는 이머징 마켓(신흥시장)에 보다 관심을 둬야 한다고 주장했다. 곽상준 팀장은 "안전자산 선호 현상, 일본 마이너스금리 영향 등의 이유로 현재 미국의 10년물 국채금리가 최저점을 찍었다"며 "채권에서 이자율이 낮다는 뜻은 반대로 채권가가 아주 높다는 뜻"이라고 분석했다. 신흥국 시장에 투자된 많은 자금이 미국채권 등 안전자산으로 옮겨오면서 최근까지 신흥국 시장은 수익률이 좋지 못했다.

그러나 곽상준 팀장은 앞으로 이 방향이 바뀔 것이라고 예상했다. 미국 채권가격이 고점을 찍으면서 다시 위험자산으로 돈이 옮겨갈 것이라는 것. 이렇게 되면 신흥시장으로 다시금 돈이 몰릴 수 있다. 한국 증시 역시 좋은 방향으로 영향을 받을 수 있다는 게 곽상준 팀장의 기대다.

해외 펀드에 투자할 때도 '팁'이 있다. 절대 '과거의 수익률'에 기대지 말라는 것이다. 한 예로 지난 2013년 글로벌 주식시장 수익률 순위를 보면 가장 높은 수익률을 기록한 국가는 미국 31.8%, 2위는 일본 26.0%다. 하지만 지난 2015년 말 과거의 데이터를 '믿고' 일본에 투자한 투자자는 마이너스 수익을 면 치 못하고 있다.

곽상준 팀장은 "금융권에 있다보면 고객에게 과거 수익률이 -25%인데, 앞으로는 수익이 좋을 것이니 가입해 보시라고 권유하면 아무도 금융상품에 가입하지 않는다"며 "반대로 작년까지 수익률이 25%였다고 말하는 상품에는 '보기도 좋고 먹음직스럽다'는 이유로 많이들 가입하는데 큰 오산"이라고 말했다. 많은 투자자들은 과거에 좋은 수익률을 보여주는 경우 '앞으로도 좋겠지'라고 생각하기 쉽다. 하지만 세계적인 흐름은 크게 바뀌고, 지나치게 좋은 수익률을 기록해 온 시장은 조정받을 가능성도 그만큼 크다.

곽상준 팀장은 "개인적인 견해지만, 지금까지 좋은 흐름을 보여줬던 선진국 증시가 앞으로도 계속 좋은 수익률을 보여줄 것이라고 보이지는 않는다"며 "도리어 신흥국에 관심이 쏠릴 개연성이 아주 높다"고 조언했다.

재테크는 냉정한 세계다. 또 이성적인 세계이기도 하다. 감성

적인 접근이 아니라 이성적인 접근이 필요하다. '최선의 결과'
를 위해서는 더 많은 공부와 정확한 분석이 필요하다.

PART
06

新재테크와 노후준비

Chapter 01

핀테크시대의 투자
- 작은 돈으로 시작하는 '크라우드펀딩' 전략

변화하는 한국의 투자환경

IT기술의 발달과 불확실성의 증대로 재테크 트렌드도 빠르게 변하고 있다. 고훈 인크 대표는 2016서울머니쇼에서 '작은 돈으로 시작하는 투자, 크라우드펀딩 활용전략'을 주제로 강연했다.

고훈 대표는 "대안투자자산에 대한 투자자들의 관심은 앞으로도 지속적으로 높아질 것"이라고 전망했다. 최근 한국의 투자환경이 갈수록 어려워지고 있어서다. 전통적 투자자산 중 주식은 유가증권시장과 코스닥 모두 지난 6~7년간 박스권에 갇혀있다.

핀테크 산업영역

서비스	자산관리(AM)	인터넷 전문은행
Payment 원격/근접 대체 결제 수단 제공	**Institutional** 자산운용사/펀드 관리 업무 지원 서비스	**Separate e-Bank** 온라인 플랫폼 기반 은행 상품/서비스
Remittance 간편 송금 / 외환 송금	**PFM** Personal Financial Mgmt 개인의 자산 관리 솔루션 (포트폴리오 등) 제공	
e-Money 가상화폐 발생/거래 플랫폼	**Equity Finance** Crowd Funding 다수의 기업으로 부터 자금 조달	
P2P Lending 개인 간 대출 플랫폼 제공		

데이터	**Research** 자본시장 관련 정보 제공	**Analytics** 데이터 분석 기능	**Consumer Credit** 개인온라인 신용 대출

인프라	**Infra Structure** IT 인프라 개발/서비스 제공	**Processing** 데이터 프로세싱 기술

자료: 옐로금융그룹

핀테크 시대, 새로운 투자수단 등장
- 로보어드바이저, P2P대출, 크라우드펀딩

그는 "핀테크란, 기존 금융회사의 영역을 기술로 대체하고 파괴하는 혁신을 불러오는 것"이라고 정의 내렸다.

핀테크FinTech란 금융Finance과 기술Technology의 합성어다. 하지만

고훈 인크 대표

안을 자세히 들여다보면 단순히 금융과 기술이 융합되는 것만을 의미하진 않는다. 이미 인터넷과 모바일의 시대가 도래하면서 전통 금융의 영역에 다양한 기술이 접목돼 금융소비자들의 편의를 도모해온 사례들이 많다. 인터넷뱅킹, 모바일뱅킹 등이 대표적이고 은행에 가지 않아도 간단한 금융서비스를 해결할 수 있는 ATM의 존재 또한 금융과 기술 융합의 결과물이다.

더 나아가 만약 화폐가 사라진다면 조폐공사가 필요 없게 되고, 신용카드가 사라진다면 카드사들이 없어질 것이다. 완전한 형태의 비대면 금융서비스가 제공된다면, 모든 은행의 지점들은 존재가치를 잃어버리게 될 것이다. 현금을 직접 찾아 쓸 일이 없어진다면 ATM이 제공하는 금융서비스 또한 스마트폰과 PC로 대체되고 관련 사업을 하는 금융인프라 회사들도 사라지게 된다. 이처럼 혁신의 바람을 불러오는 것이 바로 핀테크라는 얘기다.

핀테크 자산관리 시대

그는 아직은 한국 핀테크 산업은 초기라고 진단했다. 다만 자산관리 분야가 그 어느 분야보다 핀테크 변화가 빨라지고 있다고 했다.

고훈 대표는 "2016년 현재 핀테크 산업에서 가장 이슈인 단어는 '로보어드바이저$_{Robo-advisor}$'와 'P2P대출'"이라고 말했다. 특히 '로보어드바이저'는 알파고와 이세돌의 바둑대결을 통해 인공지능$_{AI}$이 새로운 화두로 대두되면서 더욱 관심을 받고 있다. '로보어드바이저'는 기존의 투자자문, 자산관리 서비스를 인공지능과 빅데이터, 머신러닝$_{Machine Learning}$을 활용해 기계로 대체하는 것이다.

어느 특정 금융소비자가 있다면, 이 사람의 인구학적 데이터와 성격, 성향, 심지어는 과거의 행동과 여기서 예상되는 미래의 행동까지 예측해 가장 최적화된, 큐레이션$_{Curated}$된 투자 포트폴리오를 제공하는 것이 로보어드바이저의 목표이다. 기존의 인간어드바이저는 수동으로 이러한 행위를 수행하기 때문에 비용이 비싸고, 맡길 수 있는 자산의 금액 단위도 클 수밖에 없다. 인간이 하기 때문에 당연히 포트폴리오를 빠르게 변경하는 것도 쉽지 않다. 하지만 로보어드바이저는 알고리즘에 의해 제어되기 때문에 쉽고 빠르고 비용이 적게 드는 장점을 가지고 있다.

물론 이러한 알고리즘의 설계는 아직 인간의 손으로 이뤄지고 있고, 장기간의 투자성과를 검증하는 과정이 남아있다. 하지만 머신러닝, 딥러닝을 통해 기존 알고리즘의 약점을 빠르게 보완하고 개선할 수 있는 로보어드바이저가 등장한다면 기존 사람의 머리와 손으로 이뤄지던 자산관리·투자자문 서비스는 사라질 수밖에 없다고 고훈 대표는 전망했다. 이러한 기술은 단순히 자산관리의 영역에 머무는 것이 아니라 신용평가, 기업분석, 경제전망 등 모든 데이터 기반의 업무로 확장될 것이다. 따라서 로보어드바이저가 향후 위협할 수 있는 직업군은 신용분석가, 기업분석가, 경제분석가, 펀드매니저 등 금융산업 전반의 전문직종으로 확대될 수 있다.

P2P대출이 만들어낸 중금리(Mid-rate) 금융시장

고훈 대표는 로보어드바이저에 이어 P2P대출에 대해서도 자세히 풀어 설명했다. P2P대출은 대중이 자금을 모아 대출을 내

어주고, 원리금을 다시 대중에게 돌려주는 대출형 크라우드펀딩의 다른 이름이다. 신용등급은 중급이지만, 대출은 고금리로 받아야 하는 억울한 대출자들에게 한줄기 빛을 내려준 것이 바로 P2P대출이다.

P2P대출 플랫폼은 자체적인 신용평가를 통해 산출한 금리(6~10% 중반)를 대중에게 제시하고 이에 동의하는 대중으로부터 자금을 조달해 대출자에 빌려주고 원리금을 수취해 대중에 돌려주는 역할을 한다. 대중에게는 중위험·중수익 투자기회를 제공하고 중신용자에게는 신용 수준에 맞는 대출상품을 제공하는 것이 P2P대출 플랫폼이 최근 각광받는 이유다.

하지만 P2P대출 투자자들이 간과해서는 안될 위험이 있는데, P2P대출 상품은 은행예금과 달리 원금보장이 되지 않는다는 점이다. 따라서 P2P대출 상품은 각 플랫폼의 신용평가 능력, 추심에 대한 정책 등에 따라 고위험·중수익 상품이 될 수도 있다는 점을 명심해야 한다. 최근에는 독립 P2P대출 플랫폼 뿐만 아니라 은행, 증권사, 저축은행 등 기존 금융회사와의 협업을 통해 신용평가, 추심 등의 약점을 보완한 플랫폼들도 많이 등장하고 있다.

증권투자형 크라우드펀딩이 가져올 변화
증권투자형 크라우드펀딩은 앞서 언급된 P2P대출과 함께 대

크라우드펀딩이란?

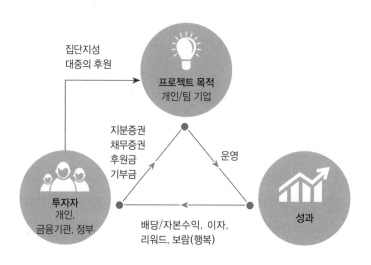

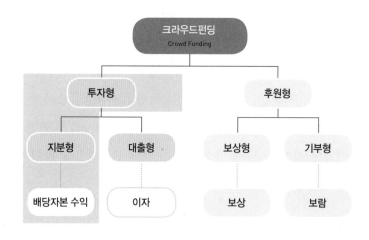

자료: 인크(YINC)

중의 자금을 모아 프로젝트를 수행해 결과물을 돌려주는 크라우드펀딩의 한 종류다. 자금에 대한 대가를 기업의 증권(주식 또는 채권)으로 돌려주고, 그 기업의 성과에 따라 수익률이 변동하는 특징을 가진다.

최근 한국에서도 벤처생태계가 크게 활성화되고 있고, 비상장 벤처기업에 대한 투자자들의 관심도 높아지고 있다. 반면 고액자산가가 아닌 투자자들은 정보의 비대칭과 투자자금의 규모 때문에 이러한 벤처투자에 참여할 수 있는 기회 자체가 주어지지 않았다.

투자형 크라우드펀딩은 투자자가 마치 온라인 쇼핑몰에서 상품을 구매하듯 기업의 정보를 온라인 플랫폼에서 확인하고, 추가로 궁금한 점은 기업과 직접 묻고 답하는 과정을 통해 해소한 뒤에 투자를 할 수 있다. 이 점에서 '투자의 민주화'를 이뤄낸 획기적인 투자기회라는 게 고훈 대표의 설명이다.

또, 벤처기업에 투자할 경우 성과에 따른 기대수익률의 한도가 없다는 점, 투자액에 대해서는 연간 1,500만 원까지 100% 소득공제가 된다는 점도 투자형 크라우드펀딩에 누구나 소액으로 참여해야 하는 중요한 이유가 된다.

반도체, 조선, 해운, 자동차 등 한국을 대표하는 중후장대한 산업들의 성장성이 모두 정체기로 들어서고 있는 상황에서, 고훈 대표는 "향후 한국의 경제성장과 고용을 책임질 수 있는 영역은 창업생태계가 유일"하다고 힘 있게 말했다.

이러한 창업생태계의 성장을 위한 마중물이 되어줄 투자형 크라우드펀딩에 대한 투자자들의 참여가 가능해진 것은 큰 의미가 있다는 얘기다.

고훈 대표는 2016년 1월 25일 시작된 한국 투자형 크라우드펀딩 1세대 플랫폼으로 출범한 인크에 대한 자부심을 드러냈다. 그는 "인크는 성장 가능성 높은 초기기업을 직접 발굴하고, 크라우드펀딩 이후 후속투자와 성장지원에 적극 개입해 투자자의 수익실현 가능성을 높이는 것을 목표로 하고 있다"고 밝혔다.

투자형 크라우드펀딩이 비록 창업생태계 활성화에 기여한다는 공익적인 목적도 가지고 있지만, 결국 투자자들이 수익을 거두고 그 성과가 재투자 재원으로 활용될 수 있어야 시장이 영속할 수 있다고 그는 판단했다.

다만 정부는 투자형 크라우드펀딩을 통한 투자가 고위험·고수익 구조를 가지기 때문에 일반투자자는 연 500만 원, 소득요건을 구비한 투자자는 연 2,000만 원까지만 투자형 크라우드펀딩에 투자할 수 있도록 한도를 정해두었다.

Chapter 02

불확실성 시대에 빛나는 안전자산 투자
- 금·달러 등의 투자와 환율전략

주식과 함께 포트폴리오에 담아두면
리스크 줄여주는 안전자산

2014년 흥행 돌풍을 일으켰던 영화 〈국제시장〉에는 1950년
대 한국전쟁 때 많은 이들이 보따리에 짐을 싸 피난을 가는 장
면이 나온다. 당시 피난민의 작은 보따리에는 어떤 것들이 들
어있었을까. 일반적으로 가장 소중하면서도 가장 필요하고, 또
가장 가치가 높은 것들이 들어있을 것이다.

흥남에서 출발해 남쪽으로 한없이 내려갔을 그들의 보따리
에는 만약 이들이 '가지고 있었다면' 반드시 챙겨갔을 물품이
있다. 바로 '금'이다.

이들이 금을 챙겨간 이유는 금의 '교환가치'이다. 황세영 씨
티은행 WM클러스터장은 "금은 원할 때 돈이나 필요한 재화로

황세영 씨티은행 WM클러스터장

교환할 수 있다는 특징을 지닌다"며 "아마 피난민 중 금붙이를 가지고 간 사람들은 이를 다른 재화나 돈으로 바꿔 장사를 하고 생계를 이어갈 수 있었을 것"이라고 말했다.

　이 사례는 '금'이라는 안전자산의 특징을 설명해주는 가장 정확한 예 중 하나다. 보통 금융자산에 투자를 하면 세 가지 위험이 발생한다. 첫 번째 위험은 '채무불이행 위험'이다. 투자를 했거나, 누군가에게 돈을 빌려줬을 때 원하는 시점에 그 돈을 돌려받지 못하는 데 따르는 위험이다. 두 번째는 '시장가격 변동 위험'이다. 투자했을 때의 가격보다 시장가격이 많이 하락해 손해를 입는 경우가 발생할 수 있다는 것이다. 세 번째는 '구매력 변동 위험'이다. 필요한 재화를 구매할 수 있는 능력이 변동되는 데 따르는 위험이다. 예를 들어 1만 원을 가지고 과거에는 짜장면을 두 그릇 주문할 수 있었는데, 어느 시점에서 한 그릇조차 사먹지 못하게 됐다면 '구매력 변동'이 생겼다고 볼 수 있다는 게 황세영 클러스터장의 설명이다.

금으로 대표되는 안전자산은 이러한 위험들 중에서도 특히 '채무불이행 위험'에서 자유롭다. 현물로 가지고 있을 경우에는 대부분의 지역에서 가치를 평가받고 이에 합당한 다른 재화로 교환이 가능하다. 황세영 클러스터장은 "약 3200년의 긴 인류 역사를 놓고 봤을 때 이 중 평화로운 기간이 약 8%에 불과하다는 조사도 있다"며 "이 시기를 제외한 대부분은 생명을 위협받을 수 있는 상황, 즉 전쟁과 혁명에 노출되어 있는 상황이었다"고 말했다. 결과적으로 휴대가 간편하고 언제든지 사용할 수 있는 '안전자산'에 대한 욕구는 언제나 있어왔다는 소리다.

이에 빗대 생각해보면 금의 가격변동에 대한 이해가 더 쉬워진다. '불변의 실물가치'를 갖고 있는 금은 대부분의 국가에서 현지통화로 교환이 가능하다. 때문에 혁명뿐 아니라 경제위기 상황에서도 안전가치가 확보된다. 2008년 전 세계적인 금융위기가 닥쳤을 때 채권과 주식의 가격이 반토막이 났음에도 불구하고 금 가격은 오히려 오른 이유도 마찬가지다. 믿을 수 있고, 가치 보존이 되기 때문이다. 즉 금의 가치는 경제위기 상황에서 진가를 발휘하고, 이로 인해 가격이 오른다.

금이 '이자를 받을 수 없는' 무수익성 자산임에도 불구하고 투자매력이 있는 이유가 여기에 있다. 경제상황이 좋을 때는 주식이나 채권의 가격이 오른다. 상대적으로 금 가격은 안정적으로 움직인다. 반대로 경제위기가 올 경우에는 주식과 채권이 떨어지는 대신 금의 가격이 오른다.

금은 인플레이션일 때도 진가를 발휘한다. 물가가 오른다는 말은 돈의 가치가 크게 하락한다는 뜻인데, 돈의 가치가 급격히 떨어진다고 해도 실물 가치는 크게 변동이 있지 않다.

완전히 같지는 않지만 달러 역시 금과 비슷한 성격을 지닌다. 달러 역시 '언제, 어디서든 통용이 가능한 자산'이라는 의미에서 금과 비슷하다. 황세영 클러스터장은 "달러는 미국 정부가 지불을 보증하기 때문에 미국이 '지급정지선언'을 하지 않는 한 엔화와 원화 등으로 교환이 가능하다"고 설명했다.

달러 역시 경제위기 상황에서 강세를 보이는 자산이다. 지난 2008년 미국발 금융위기로 전 세계가 휘청일 때도 오히려 달러는 올랐다. 미국이 가장 큰 타격을 입었음에도 불구하고 미국의 통화인 달러 환율이 오른다는 것은 어찌 보면 굉장히 역설적이기도 하다. 황세영 클러스터장은 "미국이 최강국인 현 시점에서는 아무리 미국이 문제를 일으켰다고 해도 투자자들 입장에서는 결국 위기 상황에서 해결의 열쇠를 쥐고 있는 건 미국뿐이라는 생각이 강하다"고 말했다.

엔화도 금, 달러와 함께 안전자산으로 꼽힌다. 일본은 유동성 위기나 금융위기를 겪은 적이 없다. 부채가 약 300% 수준으로 매우 높아 국가 신용등급은 오히려 한국보다 떨어지지만, 이 부채를 일본 내 연기금과 기관투자자들이 보유하고 있다. 엔화도 달러와 마찬가지로 위기 상황에서 강세를 보인다.

하지만 앞서 말했듯 안전자산이 항상 좋은 투자처가 되는 것은 아니다. 안전자산이라고 해도 '시장가격 변동위험'은 항상 존재하기 때문이다. 단기적인 가격 변동을 예측하기도 쉽지가 않다.

단기 가격 변동을 떠나서 금, 달러 등의 안전자산은 주식, 채권 등 다른 상품과 함께 투자 포트폴리오를 구성했을 경우 중장기적으로 투자 리스크를 낮추는 역할을 한다. 일반적으로 주식 등의 위험자산과 안전자산의 가격 흐름이 반대로 움직이는 경우가 많기 때문에 상호 보완의 역할을 해준다. 황세영 클러스터장은 "투자 포트폴리오를 주식 60%, 금 40%로 구성하면 경기 불황으로 주가가 하락할 경우 금 가격이 올라 손실을 보완해 준다"며 "투자 수익률은 떨어질 수 있지만 안전한 투자가 가능하다"고 조언했다.

금에 투자하는 대표적인 방법은 '실물투자'다. 한국금거래소 등에 가서 직접 구입을 하는 방법이다. 실물투자의 장점은 시

세차익이 비과세라는 점이다. 보험 등의 용도로도 활용이 가능하다. 앞서 6·25전쟁 피난민 사례를 언급했듯, 위기 상황에서 마치 '보험'처럼 쓸 수 있다. 상속이나 증여에 있어서도 상대적으로 자유로울 수 있다. 단점은 수수료다. 실물을 구입하기 위해서는 10%의 부가가치세와 5% 매매수수료가 있다.

실물투자가 부담스러운 경우에는 은행과 증권사를 통해 금뱅킹과 금펀드에 가입하는 방법이 있다. 예금의 경우 자유롭게 수수료 없이 활용할 수 있으며, 펀드 역시 수수료 1% 내외로 실물거래에 비해 저렴하다. 반면 매매차익 과세는 감내해야한다. 실물이 아니라, 보험의 역할을 할 수는 없다.

상장지수펀드ETF 투자도 가능하다. 역시 수수료가 저렴하고 거래가 자유롭다는 점은 금펀드와 비슷하다. 다만 선물에 투자하기 때문에 현물과는 달리 실제 금 과격과 괴리가 발생할 수도 있다.

황세영 클러스터장은 "금과 달러는 단기적인 투자상품보다는 안전자산이면서도 '대안투자'의 관점에서 접근하는 게 좋다"고 말했다.

Chapter 03

노후준비 백과사전
– 노후준비 상품별 활용과 연령대별 준비 요령

초저금리 시대 중요한 투자법은 '돈을 잃지 않는것'

투자를 할 때 제일 중요한 게 무엇일까. 보통의 사람들은 '많이 버는 것'이라고 생각한다. 하지만 '투자의 귀재' 워런 버핏은 의외의 정답을 말했다. 투자를 할 때 가장 중요한 것은 '돈을 버는 게' 아니라, '돈을 잃지 않는 것'이다.

이 정답은 노후준비에 있어서도 가장 중요한 부분이다. 특히 요즘처럼 1%대의 초저금리시대에서는 많은 사람들이 노후준비를 하면서도 지나치게 수익성만을 찾아 움직이는 경향이 있다. 자칫하다가는 '돈을 잃지 않고 유지해야 한다'는 노후 자산 관리의 본분을 망각할 수 있다.

김경록 미래에셋은퇴연구소장은 "바둑을 두더라도 내 바둑 돌이 살고 나서 상대방의 바둑돌을 공격해야 승부를 겨룰 수가

노후준비를 위한 상품과 연령대별 준비에 대해 설명하는 김경록 미래에셋은퇴연구
소장

있다"며 "노후준비도 마찬가지"라고 비유했다.

돈을 잃지 않기 위한 가장 쉬운 방법은 돈을 '묶어두는 것'이
다. 퇴직금 등 목돈이 수중에 들어오게 되면 어느 순간 이 목돈
은 가뭄에 저수지의 물이 줄어들듯 사라지고 만다. 하지만 국
민연금과 보장자산 등으로 돈을 꽁꽁 묶어놓는다면 쉽게 사라
지지 않는다.

많은 사람들은 통계를 믿지만, 이 때문에 '평균의 오류'에 빠
지기 쉽다. 현대인의 평균수명이 대략 85년이라고 가정했을 때
대부분의 사람들은 자신들이 85세까지 살 것이라고 생각하지

만 김경록 소장은 이 생각이 가장 무서운 '함정'이라고 말한다. 평균수명이 85세라는 말은 10명 중 5명은 85세보다 더 오래 산다는 뜻으로 받아들여야 한다는 것이다. 심지어 95세 이상 사는 사람도 10명 중 1명이다.

노후 평균 소득을 계산할 때에도 평균의 오류를 범할 수 있다. 특히 선진국으로 갈수록 노년층의 소득 양극화가 커지는데, 많은 이들은 자신이 '중간수준의 소득'이 있다고 착각하곤 한다. 김경록 소장은 "퇴직이 시작되는 시점인 50대부터 소득의 양극화가 벌어지는데 어떤 한쪽은 소득이 늘어나지만 다른 한 쪽으로는 빈곤층도 급격히 늘어난다"고 지적한다. 특히 중간층의 경우 질병과 조기퇴직, 자녀 문제 등으로 인해 빈곤층으로 떨어지게 되는 경우가 많은데 이때의 정신적인 충격은 무척이나 크다.

때문에 노후준비는 수익에 앞서 '리스크관리'가 중시되어야 한다는 게 김경록 소장의 조언이다. 노후에 갑작스럽게 파산을 할 수 있다는 위험을 인지하고 노후생활비를 확보하면서 일정한 현금흐름도 유지할 수 있도록 계획을 세워야 한다.

이를 위해서는 '자산'이라는 개념을 '소득' 개념으로 완전히 전환을 해야만 한다. 일반적으로 노후준비를 할 때 '얼마를' 모아야 하는 지에 대해서만 이야기를 해 왔다. 3억 원이 필요할지 혹은 5억 원이 필요할 지에 대한 고민이었다. 하지만 김경록 소장은 "장수시대와 저금리시대에서는 자산으로 노후를 준비하면 완전히 흐트러질 수도 있다"며 "대신 노후 월 300만 원, 500만 원 등의 소득으로 개념을 바꿔 준비를 하라"고 조언했다. 가령 연 금리 10%대였던 과거에는 5억 원의 자산으로 연 5,000만 원의 수익을 창출할 수 있지만 1%대에서는 이자소득이 500만 원에 불과하다. 매달 약 200만 원의 생활비가 필요하다고 가정했을 때 필요한 연 소득 2,400만 원에 턱없이 못미친다.

이 계획을 위해 선행되어야 할 부분은 '돈을 묶어놓는 것'이고 이를 위한 방법은 '연금'이다. 부동산은 즉시 현금화하기 어려운 자산이지만 연금은 매월 일정한 '소득'을 우리에게 제공한다.

연금은 국민연금 등 공적연금과 퇴직연금, 연금저축, 주택연금, 연금보험 등으로 나뉜다. 다양한 종류의 연금을 꼼꼼히 파악해 물 샐 틈 없이 잘 활용해야한다.

국민연금은 특히 종신연금이면서 물가에 연동되고 상속까지 가능한 '가장 강력한' 연금이다. 다만 유동성은 없다. 반면 민간연금은 종신연금이지만 물가연동이 되지는 않는다. 상속도 되지 않는다. 하지만 국민연금과 함께 활용하면 '보완'의 역할을 할 수 있다.

연금의 수령가능연령도 파악해 두는 게 좋다. 가령 퇴직연금은 55세, 민간연금은 45세부터 수령이 가능한데 이러한 연령을 파악해 두면 현금흐름이 일정하게 만들어 둘 수가 있다. 관련된 제도도 잘 챙겨봐야 한다. 국민연금의 경우도 수령 연령을 최장 10년 정도는 조정할 수 있다.

여기서 무엇보다 중요한 부분은 지금 내가 어떤 연금에 가입되어있는지 확인하고 파악하는 것이다. 이는 금융감독원의 통합연금포털을 활용하면 좋다. 국민연금과 민간연금 가입내역을 모두 확인할 수 있다.

오해도 많고 제도도 복잡하지만 꼭 주목해야할 연금이 '주택연금'이다. 김경록 소장은 "아파트 등 주택은 재건축이 되지 않으면 감가상각이 되는 등 자산으로 보유하고 있을 때는 불확실성이 커지는데, 이를 주택연금으로 활용하면 '국공채'를 보유하는 것처럼 활용할 수가 있다"고 말했다. 현금흐름이 충분하지 않은 상황에 국가(주택금융공사)와 계약을 맺고 매달 일정한 금액을 받을 수 있다면 안정적인 노후 기반을 갖출 수가 있다는 것이다.

연금과 더불어 '보장자산'도 중요한 노후준비책이다. 보장자산을 바라보는 전제조건은 보험 등의 보장자산은 절대 '투자'가 아니라는 것. 김경록 소장은 "보장자산의 경우 투자나 수익을 내기 위한 게 아니다"라며 "당장은 알 수 없는 위험한 일에 닥쳤을 때 그 상황에서 내가 '소비'할 수 있는 자산이라고 봐야 한다"고 말했다. 특히 70대와 80대에 접어들면 암, 치매 등 각종 질병에 걸릴 확률이 급격하게 증가한다. 일정한 현금 흐름을 넘어서는 목돈이 소비될 가능성에 대비해야 한다.

즉 현재의 상황이 미래에도 지속될 것이라는 생각을 버리고 미래의 비용을 위한 보장자산을 '과하지 않은' 범위에서 준비해야 한다.

보장자산 가입 목록은 생명보험협회 홈페이지를 통해 조회할 수 있으니 스스로 파악하는 게 우선이고 보장기간 등을 잘 챙겨보는 것도 중요하다. 김경록 소장은 "과거 보험에 가입한 사람들은 보장기간이 75세, 80세까지인 경우도 많다"며 "구체적으로 보험 가입 내용을 확인하고 보장기간을 늘려놓은 등의 준비가 필요하다"고 말했다.

Chapter 04

노후준비와 보험 포트폴리오
- 가족과 노후를 위한 보험테크

장수長壽 리스크를 대비하라 - 준비 안 된 노후는 재앙

국내 대표적인 노후준비 전문가인 최성환 한화생명 은퇴연구소장이 2016서울머니쇼에서 '노후준비와 보험 포트폴리오'를 주제로 강연했다.

그는 가족과 노후의 행복을 위해 반드시 필요한 3가지 비용으로 '주거비, 생활비, 의료비'를 꼽았다. 이 비용들을 어떻게 준비하고 만들어갈 것인가에 대해 강의실을 가득 메운 청중들과 소통했다.

고려대 통계학과 박유성 교수팀의 연구에 따르면 1971년생 돼지띠 남성들의 절반이 94세까지 사는 것으로 나타났다. 1971년생 여성이라면 절반 이상이 100세까지 살게 된다는 것이다.

최성환 소장은 "오래 산다는 것은 축복이지만, 요즘 들어서는 '재수 없으면 100살까지 산다'는 말이 나오고 있다"고 말했다. 준비 안 된 노후, 준비 안 된 장수는 축복이 아니라 재앙이기 때문이다.

그는 노후준비 또는 은퇴설계가 어려운 이유는 장수위험과 함께 금리위험도 높아지고 있기 때문이라고 했다. 살기는 오래 살아야 하는데 금리가 낮아도 너무 낮아지면서 계산과 엄두가 안 나는 것이다.

노후생활비 주는 연금이 효자

요즘 저금리가 임대의 패러다임을 전세에서 월세로 바꾸고 있다. 그는 "이처럼 노후준비에서도 소유하고 있는 자산이 얼마냐 보다는 내가 당장 쓸 수 있는 돈, 예를 들면 매월 받는 연금이나 이자, 임대료와 같은 현금소득을 따지는 쪽으로 바뀌고 있다"고 말했다. 그 중에서도 최고는 안정적으로 매월 월급처럼 받을 수 있는 연금이라는 것이다.

3층 연금으로 만드는 노후생활비

그는 연금을 공적_{公的}연금과 사적_{私的}연금으로 나눠 설명했다. 공적연금에는 국민연금과 공무원연금, 군인연금, 사립학교교직원연금이 있다. 사적연금에는 퇴직금을 연금으로 쪼개서 받는 퇴직연금과, 개인들이 보험, 증권 등 금융회사에 자발적으

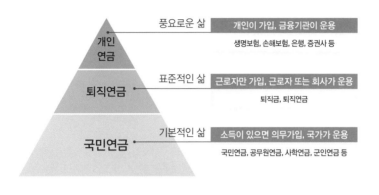

로 가입한 개인연금이 해당된다.

최성환 소장은 "행복한 노후를 위해서는 3층 탑, 즉 '국민연금에다 퇴직연금과 개인연금'을 더한 3층 연금으로 노후생활비를 준비해야 한다"고 말한다. 그런데 안타깝게도 3층 연금에 모두 가입하고 있는 사람은 4%에 불과하고 3층 연금 중 어느 하나에도 가입하지 않은 사람이 무려 42%에 달하고 있다.

주택연금은 은퇴자들의 축복

60대들의 부동산비중은 총자산 중 78.4%로 80%에 근접하

3층 연금 가입 현황 (단위: %)

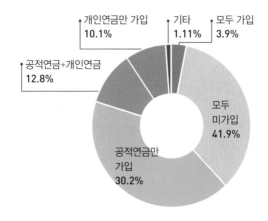

개인연금만 가입 10.1%
기타 1.11%
모두 가입 3.9%
공적연금+개인연금 12.8%
모두 미가입 41.9%
공적연금만 가입 30.2%

자료: 국민연금연구원, 다층노후소득보장 연구(2012)

연령에 따른 3층 연금 가입 현황 (단위: %)

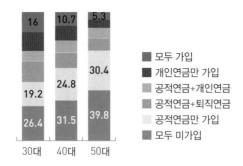

	30대	40대	50대
	16	10.7	5.3
			30.4
	19.2	24.8	
	26.4	31.5	39.8

- 모두 가입
- 개인연금만 가입
- 공적연금+개인연금
- 공적연금+퇴직연금
- 공적연금만 가입
- 모두 미가입

자료: 진희정·임란, '다층연금체계의 가입구조와 특성 분석', 보험학회지(2011)

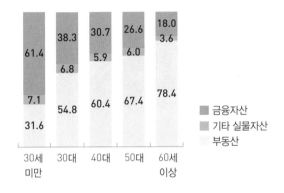

자료: 통계청

고 있다. 은퇴한 후 달랑 집 한 채 가지고 있는 것이다.

그는 이들의 부동산을 현금화할 수 있는 방법으로 2007년에 출시된 주택연금을 제안했다. 주택연금은 만 60세 이상이 살고 있는 주택을 담보로 제공하고 부부가 죽을 때까지 매월 일정금 액을 연금으로 받는 상품이다. 만약 3억 원짜리 아파트를 갖고 있는 70세라면 매월 100만 원 정도의 연금을 죽을 때까지 수령 할 수 있다.

그는 주택연금은 '주거를 위한 주택'과 '노후생활비를 위한 연금'을 동시에 해결할 수 있는 좋은 제도라고 강조했다. 노벨

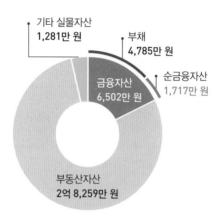

60대의 자산 구성

기타 실물자산
1,281만 원

부채
4,785만 원

금융자산
6,502만 원

순금융자산
1,717만 원

부동산자산
2억 8,259만 원

자료: 통계청, 2015년 가계금융 복지조사 결과

경제학상 수상자인 미국 MIT의 로버트 머튼 교수가 우리나라의 주택연금을 '은퇴자들의 축복'이라고 말한 이유가 다 있는 셈이다.

잘 가라 스트레스야, 반갑다 연금아!

그는 "선진국에서는 은퇴하면서 '잘 가라 스트레스야, 반갑다 연금아!Goodbye tension, hello pension!'라고 말한다"고 했다.

선진국 사람들은 도대체 연금을 얼마나 준비하고 있길래 이런 말을 하는 것일까?

이때 기준이 되는 용어가 연금의 '소득대체율'이다. 소득대체율의 공식적인 정의는 '연금 가입기간 중 평균 소득 대비 연금 지급액의 비율'이지만 '은퇴 후 예상하는 월생활비 중 연금으로 충당하는 비율'로 해석하면 좀 더 이해하기가 쉽다.

예를 들어 월 300만 원의 생활비를 생각하는 은퇴한 부부가 200만 원을 연금으로 준비해 놓았다면 소득대체율이 66.7%가 되는 것이다. 세계은행 등 국제기구가 내놓고 있는 적정 소득대체율은 60~70%정도이다.

하지만 그는 "우리나라의 소득대체율은 3층 연금을 모두 감안해도 50%를 넘지 못하고 있다"고 말했다. 선진국 중에서는 네덜란드가 90.5%로 가장 높고 경제협력개발기구OECD 회원국의 평균은 57.5%이다.

우리나라의 노인빈곤율은 49.6%(2013년)로 OECD 회원국 중 가장 높을 뿐 아니라 OECD 평균(12.6%)보다 4배나 더 높다. 소득대체율이 낮은 데다 노후 복지까지 부실하면서 노후빈곤율이 크게 높을 수밖에 없다는 것이 최성환 소장의 설명이다.

헬스푸어 피하기

최성환 소장은 통계 자료로 청중의 이목을 집중시켰다. 한국보건사회연구원(2012년)의 조사에 따르면 65세 이상 고령자들

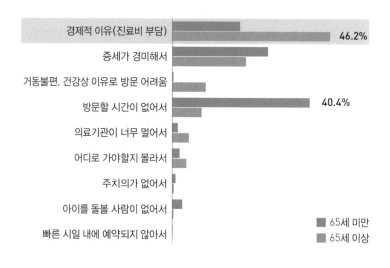

병원에 가지 못하는 이유: 65세 미만 vs 65세 이상

- 경제적 이유(진료비 부담) **46.2%**
- 증세가 경미해서
- 거동불편, 건강상 이유로 방문 어려움
- 방문할 시간이 없어서 **40.4%**
- 의료기관이 너무 멀어서
- 어디로 가야할지 몰라서
- 주치의가 없어서
- 아이를 돌볼 사람이 없어서
- 빠른 시일 내에 예약되지 않아서

■ 65세 미만
■ 65세 이상

자료: 한국보건사회연구원, 한국의료과실로 본 활동제한과 미 충족의료(2012)

은 대부분 경제적인 이유로 병원을 가지 못한다고 응답(46.2%)하고 있다. 고령자 세대가 의료비를 감당하기 어려워 아파도 병원에 가지도 못하는 '헬스푸어Health poor'로 전락하고 있는 것이다.

고령자의 사망원인 1위는 암이고 진료비 1위는 치매이다. 우리나라의 암발생률은 평균 36.9%로 평균 치료비는 약 3,000만 원에 달한다. 치매환자를 돌보는 비용은 연간 2,200만 원으로 웬만한 월급쟁이에게는 엄청나게 큰돈이다.

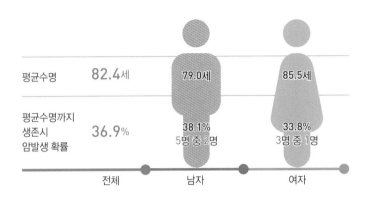

실손보험이나 중대질병보험에 가입하라

이처럼 돈이 많이 들어가는 노후 질병에 대비해 그는 "실손 보험이나 중대질병보험 등으로 보험 포트폴리오를 구축하라" 고 제안했다.

하지만 그는 "60세 이상 고령자의 실손보험 가입률이 다른 연령에 비해 매우 저조하고, 보험료가 상대적으로 저렴한 상해 보험 위주로 가입한 상태"라며 안타까워 했다.

일반실손보험은 가입연령이 최대 60~65세이지만 노후실손 보험은 가입연령이 최대 75세까지 가능하고 보험료가 70~80%

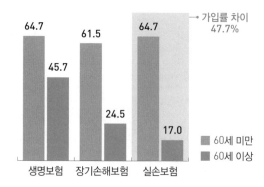

연령대별 보험상품 가입률 (단위: %)

가입률 차이 47.7%

64.7
45.7
61.5
24.5
64.7
17.0

생명보험 장기손해보험 실손보험

■ 60세 미만
■ 60세 이상

주) 2013년 말 기준

자료: 보험개발원(2015)

저렴하다. 별도로 보장성 보험에 가입하는 것이 부담된다면 개인연금 상품 가입 시 의료비와 장기간병 관련 특약을 추가하는 것도 한 방법이다.

100세 시대는 정말로 긴 여행이다

그는 강연을 마무리하면서 "여행은 다리 떨릴 때 하는 일이 아니라 가슴 떨릴 때 하는 일이라고 하는데, 노후준비도 마찬가지다"라고 말했다. 노후준비도 젊었을 때부터 적극적으로 준비해야 한다는 얘기다.

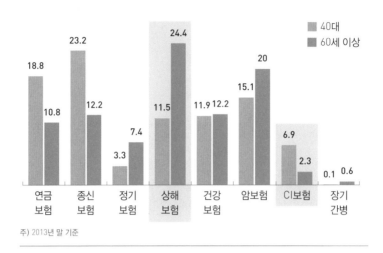

생명보험 상품별 보유비중 (단위: %)

- 40대
- 60세 이상

	연금보험	종신보험	정기보험	상해보험	건강보험	암보험	CI보험	장기간병
40대	18.8	23.2	3.3	11.5	11.9	15.1	6.9	0.1
60세 이상	10.8	12.2	7.4	24.4	12.2	20	2.3	0.6

주) 2013년 말 기준

자료: 보험개발원(2015)

그는 "100세 시대에 60세에 은퇴를 한다고 해도 무려 40년을 더 살아야 한다"며 "연금 등으로 생활비를 잘 마련해 놓았다고 해도 큰 병에 걸리면 목돈이 들어가면서 노후파산에 이를 수 있다"고 했다.

100세 시대 우리 인생의 안전망은 '연금과 보장성보험'이라는 생각으로 준비하고 또 준비해야 할 것이라고 강조했다.

부록

2016서울머니쇼 참관객들이 전망하는 '재테크 시장'

2016서울머니쇼

P2P대출 투자도 30% 이상 '투자하겠다' 핀테크 관심 뜨거워

이세돌을 꺾은 알파고가 이제 은행 PB들의 일자리까지 뺏게 될까. 〈매일경제〉가 '2016서울머니쇼'에 방문한 500명의 관람객을 대상으로 최신 재테크 트렌드에 대한 설문조사를 실시한 결과 '자산운용을 로보어드바이저Robo-Advisor에 맡길 의향이 있는가'라는 질문에 '있다'고 답변한 응답자들이 과반수(52.10%)가 넘었다.

금융 '알파고'가 사람의 자산을 대신 관리해주는 시대가 임박했다는 의미다. 맡기겠다고 한 자산규모는 1,000만~5,000만 원 사이(23.4%)가 가장 많아 주로 금융자산이 많지 않은 서민들의 관심이 높았다.

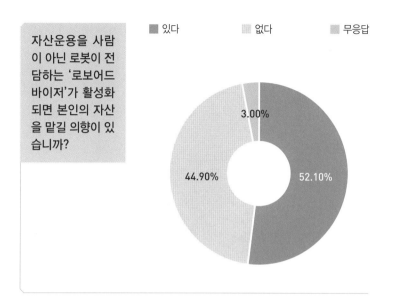

자산운용을 사람이 아닌 로봇이 전담하는 '로보어드바이저'가 활성화되면 본인의 자산을 맡길 의향이 있습니까?

■ 있다   ▦ 없다   ▨ 무응답

3.00%
44.90%
52.10%

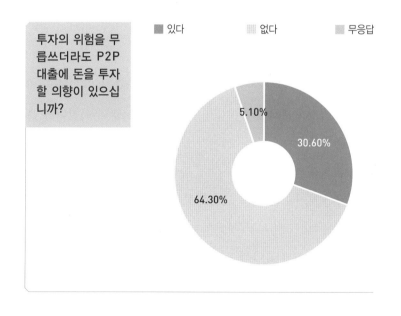

투자의 위험을 무릅쓰더라도 P2P 대출에 돈을 투자할 의향이 있으십니까?

■ 있다   ▦ 없다   ▨ 무응답

5.10%
30.60%
64.30%

서울머니쇼에서 만난 직장인 안도영 씨(34세)는 자산 5,000만 원을 '로보어드바이저'에게 맡겼다고 했다. 안 씨는 "사람은 운용 과정에서 감정이 개입돼 실수를 할 수도 있고 수수료 부담도 크다"며 "자산 규모가 적은 젊은층에겐 로보어드바이저가 적합한 것 같다"고 했다.

로보어드바이저는 로봇Robot과 자문 전문가Advisor의 합성어로, 사람이 아닌 로봇(컴퓨터)이 자산을 관리하는 서비스다. 정교하게 짜인 알고리즘이 시장 상황을 스스로 분석해 자동으로 투자 종목이나 금융상품을 선정하고 운용하는 방식이다.

수수료는 투자금의 0.5~1% 안팎으로 기존 서비스의 절반 수준에 불과하다. 미국은 상위 11개 로보어드바이저 업체의 자산관리 규모가 지난해 말 기준 190억 달러(약 21조 원)까지 성장했다.

행사기간 중 로보어드바이저업체 쿼터백의 부스를 찾은 직장인 박기명 씨(38세)는 "빅데이터를 체계적으로 분석한다는 측면에서 믿음이 간다"며 "24시간 모니터링을 통해 리스크가 자동으로 관리된다는 점도 좋은 것 같다"고 말했다.

원금이 보장되지 않아 고위험 투자로 분류되는 P2P대출(개인 간 대출)에 투자하겠다는 참여자도 30.6%가 됐다. P2P대출은 개인들에게서 투자를 받아 돈이 필요한 다른 개인이나 기업에 대출해주는 서비스로 10% 내외의 높은 수익률을 올릴 수 있다.

2016서울머니쇼

P2P대출업체 피플펀드의 부스를 찾은 주부 송지선 씨(36세)는 "주식은 제대로 공부할 시간이 필요하고, 예적금은 너무 저금리라 새 투자처를 찾아보던 차에 P2P에 투자하게 됐다"며 "가정주부라 큰돈을 투자하기는 부담스러웠는데 소액으로 만원부터 투자가 가능하다는 점이 좋았다"고 했다.

크라우드펀딩업체 인크의 고훈 대표는 "로보어드바이저, P2P금융 등은 기존 재테크의 비효율성을 보완해 줄 새로운 기법"이라며 "핀테크를 활용해 쉽고 빠르게 자산관리를 할 수 있는 시대가 도래한 것"이라고 설명했다.

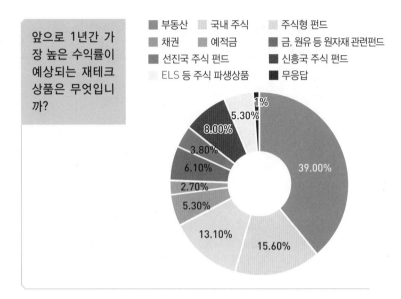

앞으로 1년간 가장 높은 수익률이 예상되는 재테크 상품은 무엇입니까?

■ 부동산　□ 국내 주식　■ 주식형 펀드
■ 채권　■ 예적금　■ 금, 원유 등 원자재 관련펀드
■ 선진국 주식 펀드　■ 신흥국 주식 펀드
□ ELS 등 주식 파생상품　■ 무응답

1%
5.30%
8.00%
3.80%
6.10%
2.70%
5.30%
13.10%
15.60%
39.00%

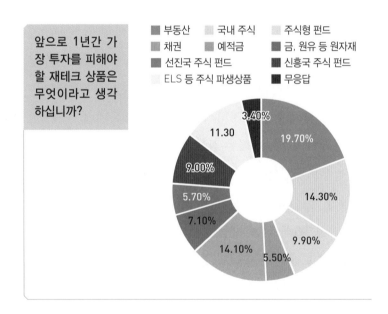

앞으로 1년간 가장 투자를 피해야 할 재테크 상품은 무엇이라고 생각하십니까?

■ 부동산　□ 국내 주식　■ 주식형 펀드
■ 채권　■ 예적금　■ 금, 원유 등 원자재
■ 선진국 주식 펀드　■ 신흥국 주식 펀드
□ ELS 등 주식 파생상품　■ 무응답

3.40%
11.30
9.00%
5.70%
7.10%
14.10%
5.50%
9.90%
14.30%
19.70%

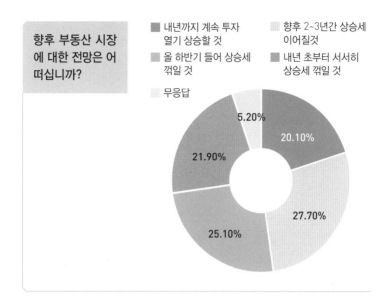

향후 부동산 시장에 대한 전망은 어떠십니까?

- 내년까지 계속 투자 열기 상승할 것
- 향후 2~3년간 상승세 이어질 것
- 올 하반기 들어 상승세 꺾일 것
- 내년 초부터 서서히 상승세 꺾일 것
- 무응답

5.20%
20.10%
21.90%
27.70%
25.10%

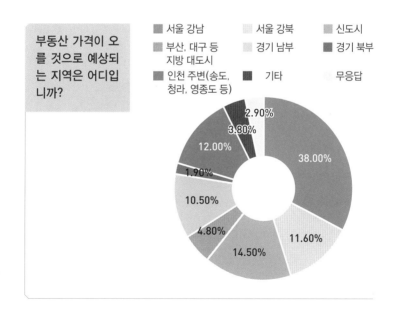

부동산 가격이 오를 것으로 예상되는 지역은 어디입니까?

- 서울 강남
- 서울 강북
- 신도시
- 부산, 대구 등 지방 대도시
- 경기 남부
- 경기 북부
- 인천 주변(송도, 청라, 영종도 등)
- 기타
- 무응답

2.90%
3.80%
12.00%
38.00%
1.90%
10.50%
4.80%
14.50%
11.60%

현재 투자가치가
가장 큰 부동산 상
품은 무엇이라고
생각하십니까?

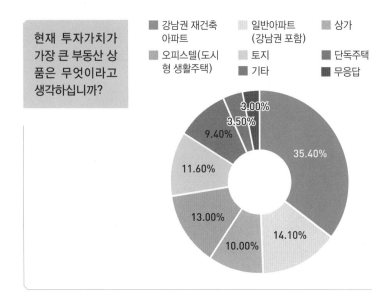

■ 강남권 재건축   일반아파트   ■ 상가
　아파트   （강남권 포함）
■ 오피스텔（도시   토지   ■ 단독주택
　형 생활주택）
                  ■ 기타   ■ 무응답

3.00%
3.50%
9.40%
11.60%
35.40%
13.00%
10.00%
14.10%

개인종합자산관
리계좌（ISA）를
이미 만들었거나
향후 만들 의향이
있으십니까?

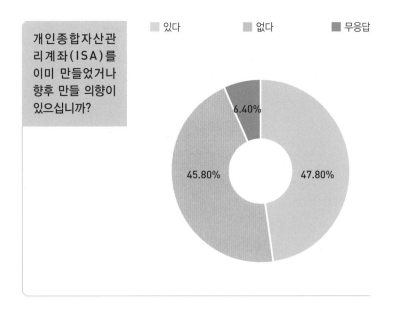

■ 있다   ■ 없다   ■ 무응답

6.40%
45.80%
47.80%

부동산 불패 신화 계속 갈 것

한편 저금리 기조 속에서 자산을 불릴 틈새시장을 찾는 재테크족이라면 부동산 투자에 대한 관심이 가장 뜨겁다는 것이 서울머니쇼에서 다시 한 번 입증됐다. '부동산 불패 신화'에 대한 굳건한 믿음이 여전히 유효한 셈이다.

설문조사 결과 '앞으로 1년간 가장 높은 수익률이 예상되는 재테크 상품은 무엇입니까'라는 질문에 부동산(39.0%)이 압도적인 1위를 차지했다. 이어 국내 주식(15.6%)과 주식형 펀드(13.1%) 등이 뒤따랐다.

또 투자자 사이에서 향후 부동산 시장에 대한 낙관론이 보다 우세한 것으로 나타났다. 설문 조사에서 '향후 2~3년간 부동산 시장 상승세가 이어질 것(27.7%)'이라고 전망한 사람이 가장 많았다. 글로벌 경기침체 등으로 인해 한치 앞도 내다볼 수 없는 시장 상황 속에서 "그래도 믿을 구석은 부동산뿐"이라는 심리는 여전한 것으로 해석된다.

서울머니쇼 현장에서도 어느 때보다 높아진 부동산 시장에 대한 관심을 확인할 수 있었다. 서울 동작구에 사는 주부 정모 씨(41세)는 "요즘 전세값이 너무 많이 올라 내 집 마련을 해야하나 고민하다가 서울머니쇼에 오게 됐다"면서 "무주택자일수록 내 집 마련을 해서 재테크 종잣돈을 마련하라는 강연자 말이 인상 깊었다"고 말했다.

임채우 KB국민은행 전문위원은 "주거비용은 전세, 자가, 월세 순으로 저렴한데 전세가 월세로 빠르게 바뀌고 있다"면서 "주거비용 부담을 느낀 세입자들의 내 집 마련 수요가 늘 것"이라고 전망했다.

2016년 하반기 부동산 시장에 대해서는 관람객과 전문가 모두 서울 강남권 재건축 물량에 주목했다. 설문조사에서 '현재 투자가치가 가장 큰 부동산 상품'으로 '강남권 재건축아파트(35.4%)'가 압도적 1위를 차지했다.

함영진 부동산114 센터장은 "2016년은 지역별 양극화가 심해지면서 지방보다 수도권, 수도권보다 서울, 서울에서는 강남이 투자성이 높다"면서 "강남 재건축 가격 상승과 이로 인한 이주 수요가 수도권 부동산 가격을 이끌어 나갈 것"이라고 말했다. 부동산인포에 따르면 서울에는 2016년 5~12월 26개 단지 1만 107가구의 재건축 단지가 분양된다.

해외 사례와 비교해도 한국 주택시장은 아직 가격 상승 여력이 있다는 평가다. 서울의 연간 소득 대비 주택가격비율$_{PIR}$은 16.64배로 런던 33.5배, 뉴욕 21.6배 등 글로벌 도시에 비해 낮은 편이다.

임채우 전문위원은 "아직 서울의 주택보급율은 97.9%로 100%가 안 되고 경기도 역시 97.8% 수준"이라며 "프랑스, 영국, 독일 등은 1990년대 생산가능인구가 감소했지만 주택 가격이 올랐기 때문에 한국도 내년 생산가능인구 감소에 따른 부동산 하락 위험은 적다"고 말했다.

오피스텔, 상가 등 수익형 부동산 투자에 대한 관심도 높았다. 서울 마포구에서 오피스텔 임대업을 하고 있는 임모 씨(38세)는 "요즘 오피스텔이 공급과잉이라고 해서 걱정이 되긴 하지만 그래도 5%대 수익을 안정적으로 얻을 수 있어 주식이나 적금보다 훨씬 나은 것 같다"고 말했다.

고준석 신한은행 PWM 프리빌리지 서울센터장은 "수익성 부동산에서 나오는 임대료는 물가 상승률에 맞게 오르기 때문에 은퇴 준비용으로 가장 적합하다"면서 "노후 대비 수요에 따른 수익성 부동산 투자 수요는 이어질 것"이라고 말했다.

대한민국 재테크神들이 알려주는 비법

마이너스금리시대 재테크 필살기

초판 1쇄 2016년 7월 4일
　　2쇄 2016년 7월 19일

지은이 매일경제 서울머니쇼 취재팀
펴낸이 전호림 **편집장** 강혜진 **담당PD** 신수엽 **펴낸곳** 매경출판㈜
등 록 2003년 4월 24일(No. 2 – 3759)
주 소 우)04557 서울시 중구 충무로 2(필동1가) 매일경제 별관 2층 매경출판㈜
홈페이지 www.mkbook.co.kr
전 화 02)2000 – 2610(기획편집) 02)2000 – 2636(마케팅) 02)2000 – 2606(구입 문의)
팩 스 02)2000 – 2609 **이메일** publish@mk.co.kr
인쇄 · 제본 ㈜M – print 031)8071 – 0961

ISBN 979 – 11 – 5542 – 499 – 5(03320)
값 14,000원